KB195826

BATTLE

# 주 의

이 책은 지구, 천상계, UMA,
영혼계, 저승계 생물의 생태와 독특한 생존법을
소개하는 것이 목적이다.

이 책의 배틀 장면은 다섯 종족에 관한
깊은 이해를 돕기 위해 그들의 특징과 능력을 활용하여
가상으로 꾸민 것이다.

배틀 과정을 실감 나게 전달하기 위해
생생하게 표현한 이종 생물들의 대결 그림으로 인해
간혹 공포를 느낄 수 있으므로 주의한다.

**일러스트** 아이마 타로(ELOOP), 아오히토, icula, 괴인 후쿠후쿠, 나가이 케이타, 난바 키비, 마츠모토 에이토,
　　　　　미야무라 나호, 야마자키 타로, 히라바야시 토모코, poochamin
**디자인** 시바 토모유키
**사진 제공** iStock/Getty Images, UNIPHOTO PRESS, PIXTA, 시즈오카 현립 중앙 도서관,
　　　　　유모토 코이치 기념 일본 요괴 박물관(미요시 모노노케 뮤지엄), 우스키시 관광협회
**편집 협력** 하시모토 마유(STUDIO DUNK)

2025년 2월 20일 초판 1쇄 펴냄

**편저** · Creature Story　**옮김** · 고경옥
**펴낸이** · 이성호　**펴낸곳** · (주)글송이
**편집/디자인** · 이유미, 김현경, 임주용
**마케팅** · 이성갑, 윤정명, 이현정, 문현곤, 이동준
**경영지원** · 최진수, 이인석, 진승현

**출판 등록** · 2012년 8월 8일 제 2012-000169호　**주소** · 서울시 서초구 능안말 1길 1(내곡동)
**전화** · 578-1560〜1 **팩스** · 578-1562　**이메일** · gsibook01@naver.com

ISBN 979-11-7018-657-1 74080
　　 979-11-7018-656-4 (세트)

*잘못 만들어진 책은 바꾸어 드립니다.

# 이종 최강 생물 올스타 컵 개최

## 어떤 생물이 참가할까?

동물과 몬스터를 포함한 다섯 종족이 정상의 자리를 차지하기 위해 지구에 모여 올스타 컵을 펼친다. 전혀 다른 종족의 정상급 용사들이 맞붙는다면 어떤 일이 벌어질까? 상상을 뛰어넘는 압도적인 배틀에서 눈을 뗄 수 없다. 유례없는 전투가 지금, 여기서 시작된다!

## 목표는 결승 토너먼트 진출!

출전 선수 중 특히 전투력이 뛰어난 열여섯 선수가 시드권을 얻어 2회전부터 출전한다. 대회는 총 47회의 배틀로 진행되며, 무승부는 없다. 승패는 실력뿐만 아니라 배틀의 흐름과 전개, 경기장 조건, 상대와의 호흡, 그리고 운도 큰 영향을 미친다.

## 세계의 장벽을 초월해 모인 다섯 종족

# 지구 생물

이번 배틀의 경기장인 지구에 관해 잘 알고 있어서 지형을 이용한 공격이 가능하다. 또한 지구 생물 중에서도 정상급 개체들만 모여 있어 기본적인 능력치가 뛰어나다. 특수한 공격법은 사용하지 않지만, 강력한 물리 공격으로 다른 종족의 지위를 위협할 수 있다.

## 천상계

신화와 구전 설화로 전해지는 몬스터들이다. 다양한 전술과 강력한 힘을 두루 갖춘 선수가 많으며, 공격의 위력 또한 차원이 달라 다른 종족에게 큰 위협이 될 것이다. 이번 대회에서도 압도적인 전력 차이를 보여 줄 것으로 예상된다.

## UMA

존재가 확인되지 않은 미확인 생물이다. 특수한 능력을 갖춘 선수가 많지만, 공격의 위력은 그다지 강하지 않다. 그러나 독가스 공격이나 전기 충격 등 다양한 공격 능력을 선보인다. 이번 대회에서 뜻밖의 실력자(다크호스)로 떠오를 가능성이 크다.

## 영혼계

밤의 어둠 속에서 지내는 요괴 종족이다. 특별 참가로 출전 선수가 적지만, 모두가 보통을 뛰어넘는 실력자들이다. 한 가지 뛰어난 특기를 가진 자부터 다양한 능력을 갖춘 자까지 다양한 유형이 존재한다. 첫 출전임에도 승리의 자리를 노리고 있다.

## 저승계

암흑세계에 사는 악마와 괴인들이다. 출전 선수는 적지만, 각자 강력한 무기로 개성 넘치는 배틀을 보여 줄 것으로 기대된다. 예측할 수 없는 신비로운 배틀 스타일로 대회 정상의 자리를 노리고 있다.

사자 P16

터보할머니 P17

뱀파이어 P20

슬라임 P21

진 P24

플라잉휴머노이드 P25

좀비 P28

스나카케바바 P29

톤카라톤 P32

나일악어 P33

참수리 P36

골렘 P37

갓파 P40
마녀 P41
흰코뿔소 P44
츄파카브라 P45

시드권 출전

루시퍼 P86
설녀 P87
몽골리안데스웜 P92
아프리카코끼리 P93

리자드맨 P98
듀폰 P99
아무르호랑이 P104
드래곤 P105

텐구 P50

펜리르 P51

버니맨 P54

강시 P55

가루다 P58

고릴라 P59

메두사 P62

로쿠로쿠비 P63

누리카베 P66

모라그 P67

유니콘 P70

아나콘다 P71

# B 팀

※금색 테두리는 시드권 출전 선수

예티 P74

군대개미 P75

네시 P78

향유고래 P79

시드권 출전

범고래 P112

프랑켄슈타인 P113

쿠네쿠네 P118

불곰 P119

웬디고 P124

주사남 P125

플랫우즈몬스터 P130

케르베로스 P131

# A팀

# 올스타 최강왕 결정

총

루시퍼
사자
터보할머니

**1회전 배틀1 ➡ P18**

**2 회전 배틀 1 ➡ P88**

설녀
뱀파이어
슬라임

**1회전 배틀2 ➡ P22**

**3 회전 배틀 1 ➡ P142**

**2 회전 배틀 2 ➡ P90**

몽골리안데스웜
플라잉휴머노이드
진

**1회전 배틀3 ➡ P26**

**준준결승 배틀 1 ➡ P164**

**2 회전 배틀 3 ➡ P94**

아프리카코끼리
좀비
스나카케바바

**1 회전 배틀 4 ➡ P30**

**3 회전 배틀 2 ➡ P144**

**2 회전 배틀 4 ➡ P96**

리자드맨
톤카라톤
나일악어

**1 회전 배틀 5 ➡ P34**

**준결승 배틀 1 ➡ P176**

**2 회전 배틀 5 ➡ P100**

듀폰
참수리
골렘

**1 회전 배틀 6 ➡ P38**

**3 회전 배틀 3 ➡ P146**

**2 회전 배틀 6 ➡ P102**

아무르호랑이
갓파
마녀

**1 회전 배틀 7 ➡ P42**

**준준결승 배틀 2 ➡ P166**

**2 회전 배틀 7 ➡ P106**

드래곤
흰코뿔소
츄파카브라

**1 회전 배틀 8 ➡ P46**

**3 회전 배틀 4 ➡ P148**

**2 회전 배틀 8 ➡ P108**

이종 격투
결정전에서

# 토너먼트

## B 팀

48선수

2 회전 배틀 9
➡ P114

3 회전 배틀 5
➡ P150

2 회전 배틀 10
➡ P116

준준결승 배틀 3
➡ P168

2 회전 배틀 11
➡ P120

3 회전 배틀 6
➡ P152

2 회전 배틀 12
➡ P122

준결승 배틀 2
➡ P178

결승
➡ P186

2 회전 배틀 13
➡ P126

3 회전 배틀 7
➡ P154

2 회전 배틀 14
➡ P128

준준결승 배틀 4
➡ P170

2 회전 배틀 15
➡ P132

3 회전 배틀 8
➡ P156

2 회전 배틀 16
➡ P134

1회전 배틀9 ➡ P52

1 회전 배틀 10 ➡ P56

1 회전 배틀 11 ➡ P60

1 회전 배틀 12 ➡ P64

1 회전 배틀 13 ➡ P68

1 회전 배틀 14 ➡ P72

1 회전 배틀 15 ➡ P76

1 회전 배틀 16 ➡ P80

범고래

텐구

펜리르

프랑켄슈타인

버니맨

강시

쿠네쿠네

가루다

고릴라

불곰

메두사

로쿠로쿠비

웬디고

누리카베

모라그

주사남

유니콘

아나콘다

플랫우즈몬스터

예티

군대개미

케르베로스

네시

향유고래

눈을 뗄 수 없다!

# 배틀의 4가지 규칙

## 1 1대 1배틀

배틀에 동료를 임의로 끌어들이면 실격 처리된다. 다만, 사전에 동료와의 연대가 인정된 선수는 해당 동료를 배틀에 참가시킬 수 있다. 그러나 단독으로 출전한 선수는 배틀 중 새롭게 동료와 연대할 수 없다.

## 2 경기장의 환경은 사용 가능

참가자들은 나뭇가지, 통나무, 돌 등 자연물을 무기로 사용할 수 있다. 또한 검과 방패 등 인공적인 도구를 이용한 싸움도 가능하다. 경기장의 지형과 환경을 활용하는 전술 역시 승리를 위해 매우 중요하다.

## 3 배틀은 승부가 결정될 때까지

상대가 배틀을 계속할 수 없는 상태가 되면 승리로 판정한다. 선수가 경기장에서 멀어지거나 도망칠 경우, 심판의 판단에 따라 시합 포기로 간주하여 패배 처리한다. 두 선수가 동시에 쓰러졌을 때는 먼저 일어난 쪽이 승리한다.

## 4 부상은 완전히 회복한 뒤 참가

선수들은 실력을 충분히 발휘할 수 있도록, 이전 시합의 부상이나 상처를 완전히 회복한 뒤 다음 배틀에 참여한다. 시합 중 독에 중독된 경우도 마찬가지이다. 단, 배틀 도중에 체력을 회복하기 위해 일시적으로 피신하는 것은 허용된다.

## 더 궁금한 이종생물 이야기

### 출전 선수 집중 탐구

출전 선수에 관해 좀처럼 알려지지 않은 지식을 사진과 함께 설명한다.

### 올스타 능력별 순위

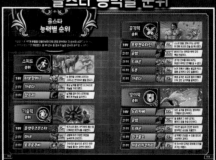

다양한 항목별로 순위를 발표해 배틀을 되돌아본다.

# 이번 배틀의 경기장은 지구 전체!

## 주요 경기장

### 고비 사막

사막 지역에서 햇볕이 내리쬐는 가운데 장해물 없이 정면 승부를 펼친다.

### 도시

도시는 뒷골목 등의 좁은 장소가 많다. 좁은 곳에서 실력을 얼마나 펼칠 수 있을지가 관전 포인트다.

### 에베레스트산

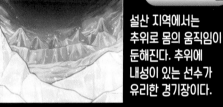

설산 지역에서는 추위로 몸의 움직임이 둔해진다. 추위에 내성이 있는 선수가 유리한 경기장이다.

### 인도양

해양 지역은 물속에 사는 선수에게 유리하며 수중 선수의 공격력이 높아진다.

### 사바나

초원 지역은 풀이 우거진 숲이 있고 시야가 넓어 속도를 내기 쉽다.

## 결승 리그는 더욱 특별한 경기장에서 개최된다!

13

# 이 책의 본문 구성

## 출전 선수 소개

● **능력치**
5개의 능력을
7단계로 나타낸다.

▶ **공격력**
강인한 몸, 힘의 세기
▶ **방어력**
적의 공격을 막아 내는 능력
▶ **스피드**
동작의 빠르기·이동 속도
▶ **체력**
싸움을 이어가고
기술을 유지하는 능력
▶ **기술력**
특별한 공격법·
다양한 공격법

● **선수 이름**

● **예선 그룹**

● **종족의 상징**

**#01 사자**

배틀 유형

| 물어뜯기 | 90 |
| 할퀴기 | 80 |
| 발톱치기 | 80 |

신수 능력
**백수의 왕**
상대가 강할수록 실력을
발휘한다.

**강력한 엄니로 적을 제압하는 백수의 왕**
이 타형 육식 동물로 지구상에 천적이 거의 존재하지 않는다.
일격으로 상대방의 숨통을 끊어내는 강력한 공격력을
자랑한다. 두 앞발의 풍성한 갈기·적의 급소 공격을 방어한다.
먹잇감을 향해 달려들 때의 속도는 약 60km/h에 달한다.
날카로운 엄니와 발톱을 이용한 공격이 특히 위험하다.

**#02 터보할머니**

배틀 유형

| 터보 대시 | 85 |
| 고속 이동 | 70 |
| 파트 팩터 | 75 |

신수 능력
**신속 돌진**
정상급 스피드로 순식간에
최고 속도에 도달한다.

**빠르게 적진으로 침투하는 스피드의 달인**
고속 도로에서 목격되는 늙은 여성의 모습을 한 요인이다. 그 외양과는
달리, 상상을 초월하는 속도로 도로를 질주하는 엄청난 속도를
이용해 적을 혼란에 빠뜨리고, 적진의 파고들어 근접전을
벌인다. 특히 기습 공격으로 적의 뒤를 치는 등 그야말로
스피드의 달인이다.

● **배틀 유형** 주요 공격이나 방어 기술. 레벨은
0에서 100까지의 수치로 나타낸다.

● **특수 능력**    ● **출전 선수 설명**

## 배틀 장면

● **토너먼트 배틀 순서**
1회전, 2회전, 3회전,
준준결승, 준결승,
결승으로 각 배틀을
표시한다.

● **배틀 참가 선수명**

● **특수 능력**
배틀에서 사용하는
출전 선수의 특수
능력을 설명한다.

● **배틀 장면**

● **배틀의 관전 포인트**   ● **생태 등 간략 설명**   ● **배틀 결과**

사자 VS 터보할머니 P18

뱀파이어 VS 슬라임 P22

진 VS 플라잉휴머노이드 P26

좀비 VS 스나카케바바 P30

톤카라톤 VS 나일악어 P34

참수리 VS 골렘 P38

갓파 VS 마녀 P42

# 배틀 시작!
# 1회전
# 총 16 배틀

흰코뿔소 VS 츄파카브라 P46

텐구 VS 펜리르 P52

버니맨 VS 강시 P56

가루다 VS 고릴라 P60

메두사 VS 로쿠로쿠비 P64

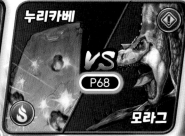

누리카베 VS 모라그 P68

유니콘 VS 아나콘다 P72

예티 VS 군대개미 P76

네시 VS 향유고래 P80

## A팀

# #01 사자

지구 생물

공격력 A
기술력 B
방어력 B
체력 A
스피드 B

### 배틀 유형

| 물어뜯기 | 90 |
|---|---|
| 와일드 어택 | 80 |
| 뒷발차기 | 80 |

**특수 능력**

**백수의 왕**

상대가 강할수록 실력을 발휘한다.

## 강력한 엄니로 적을 제압하는 백수의 왕

이 대형 육식 동물은 지구상에 천적이 거의 존재하지 않는다. 일격으로 상대방의 숨통을 끊을 수 있는 강력한 공격력을 자랑한다. 목 주변의 풍성한 갈기는 적의 급소 공격을 방어한다. 먹잇감을 향해 달려들 때의 속도는 약 60km/h에 달한다. 날카로운 엄니와 발톱을 이용한 공격이 특히 위협적이다.

16

# #02 터보할머니

영혼계

공격력
C

기술력 B    C 방어력

체력 A    S 스피드

## 배틀 유형

| 터보 태클 | 85 |
|---|---|
| 고속 이동 | 70 |
| 제트 펀치 | 75 |

**특수 능력**

### 신속 돌진

정상급 스피드로 순식간에
최고 속도에 도달한다.

## 빠르게 적진으로 침투하는 스피드의 달인

고속도로에서 목격되는 노파 모습을 한 괴인이다. 그 외양과는
달리, 상상을 초월하는 속도로 도로를 질주한다. 엄청난 속도를
이용해 적을 혼란에 빠뜨리고, 적진을 파고들어 근접전을
벌인다. 또한 기습 공격으로 적의 뒤를 치는 등 그야말로
스피드의 달인이다.

17

③ 갑자기 사자의 등 뒤에 모습을 드러낸 터보할머니!
사자의 시선이 전혀 닿지 않는 뒤쪽에서 전속력으로 달려듭니다!

흐

앗

※후각이 매우 뛰어난 사자는
냄새로 터보할머니의
위치를 알아챘다.

뻥

사자의
승리!

④ 터보할머니의 공격이 적중하기 직전,
사자는 뒤도 돌아보지 않고 발차기를 날립니다.
터보할머니는 그대로 나가떨어지고 마는군요!

# A팀

# #03 뱀파이어

저승계

공격력
A

기술력 A ✦ B 방어력

체력 B C 스피드

### 배틀 유형

| 흡혈 | 85 |
|---|---|
| 괴력 펀치 | 80 |
| 날카로운 손톱 | 75 |

**특수 능력**

## 박쥐로 변신

박쥐로 변신해 상대를 교란한다.

## 암흑에서 모습을 드러내는 어둠의 주인

평소에는 관 속에서 지내다가 밤이 되면 행동을 개시해 인간의 피를 빨아 생존한다. 주로 피를 빨거나 날카로운 손톱으로 공격하며, 괴력과 함께 마술도 사용한다. 박쥐로 변신하는 등 다채로운 공격 패턴을 보이지만, 십자가나 태양 빛에 취약한 등 약점도 많다.

20

# #04 슬라임

천상계

공격력
C

기술력 A

B 방어력

S
체력

B
스피드

**배틀 유형**

| 변신 | ?? |
|---|---|
| 몸통 들이받기 | 80 |
| 뒤덮기 | 70 |

**특수 능력**

**젤리 몸통**

몸이 분열하거나 합체하는
등 자유자재로 변한다.

## 몸통이 자유롭게 분열되는 매력적인 재간꾼

정해진 형태가 없는 젤리 상태의 흐물흐물한 모습을 하고 있어,
눈이나 코와 같은 특정 기관이 분명하지 않다. 아무리 작은
틈새라도 통과할 수 있어서 다양한 방식의 전투가 가능하다.
또한 적에 의해 몸통이 잘려도 단순히 분열될 뿐 목숨을
잃지 않는 신비한 특성을 지녔다.

배틀 **2**

경기장 / 한밤중의 교회

한밤중 교회에서 벌어지는 대격돌

# 뱀파이어 VS 슬라임

우

르

르

**특수 능력**

**박쥐로 변신**

뱀파이어는 박쥐로
변신할 수 있다.

**①** 슬라임의 공격에 뱀파이어는 박쥐로 변신해 공격을
피합니다. 뱀파이어 역시 지지 않으려 공격하지만,
슬라임은 몸통을 분열시켜 공격을 피하는군요!

X

스

르

륵

**②** 필사적으로 몸을 합치는 슬라임에게 뱀파이어가 승부를 내려 달려듭니다.
날카로운 손톱으로 슬라임을 잡아 으깨려 하지만, 물렁하게 미끄러지며
슬라임은 그대로 손가락 사이를 빠져나가 버리네요.

파
박

흠
끗

③ 뱀파이어는 틈새로 도망간 슬라임을
날카로운 손톱으로 파내려 합니다!

흐
물

흐
물

흐
물

**특수 능력**

**젤리 몸통**

흩어진 슬라임의 몸통은
합체할 때도 자유롭다.

④ 슬라임이 위기에 빠지자, 흩어져 있던 슬라임의 몸통 조각들이
뱀파이어에게 달라붙어 움직임을 차단하는데요! 슬라임
본체가 틈새에서 튀어나와 뱀파이어를 질식시키고 맙니다!

**슬라임의 승리!**

# #05 진

지구 생물

공격력
B

기술력 A — B 방어력

체력 B — C 스피드

## 배틀 유형

| | |
|---|---|
| 날아 차기 | 70 |
| 돌려차기 | 80 |
| 점핑 펀치 | 75 |

**특수 능력**

### 전투 사고력

적의 정보를 분석해 정확한
전략을 세워 실행한다.

## 무도에 통달한 최강의 인간

온갖 무술을 습득하며 무도를 갈고닦은 인간이다. 자신의
능력을 시험해 보고자 출전했으며, 참가자 중 유일한 인간이다.
삼단 발차기와 상체 공격 등 다채로운 격투 기술을 구사한다.
또한 적을 치밀하게 분석해 실력 차이가 나는 강적도
쓰러뜨리는 뛰어난 능력을 지녔다.

# #06 플라잉휴머노이드

UMA

공격력 C

기술력 B

방어력 B

체력 B

스피드 B

## 배틀 유형

| 고속 활공 | 55 |
|---|---|
| 플라잉 어택 | 65 |
| 플라잉 킥 | 75 |

**특수 능력**

### 무한 비행

오랜 비행에도 지치지 않고
고속으로 비행한다.

## 빠르게 적진으로 침투하는 스피드의 달인

엄청난 속도로 하늘을 비행하는 미확인 생물체다. 생김새는
인간과 매우 비슷하지만 피부가 검은색이다. 끝없이 하늘을
날아다니며 드넓은 공간을 초고속으로 누빈다. 하늘에서
급강하해 몸통으로 들이받거나 발차기를 날리는 등 강력한
공격으로 적에게 큰 타격을 입힌다.

배틀 **3**

경기장 | 도심지

지상에서 하늘까지 이어지는 격렬한 싸움

# 플라잉휴머노이드 vs 진

꽈

앙

① 플라잉휴머노이드는 급강하하며 플라잉 어택을 시도합니다! 진은 뛰어난 신체 능력으로 공격을 피하는군요.

쿵

타

앙

② 공격을 피한 진은 그대로 플라잉휴머노이드의 상체를 걷어차며 반격을 시도하는데요. 진의 공격을 피하지 못한 플라잉휴머노이드는 타격을 입고 맙니다.

③ 도망치는 플라잉휴머노이드에
매달려 둘 다 하늘로 올라가는데요.
플라잉휴머노이드의 불규칙한 움직임에
진은 필사적으로 매달려 놓아주지
않습니다!

④ 플라잉휴머노이드가 엄청난 속도로 진을
떨어뜨리려 하자, 진은 플라잉휴머노이드의 등을
발로 힘껏 걷어차 버리는데요! 그대로 날아 간
플라잉휴머노이드는 간판에 충돌하며 쓰러지고,
진은 나무 위로 무사히 착지합니다.

진의 승리!

# #07 좀비

영혼계

공격력 B
기술력 C
방어력 C
체력 S
스피드 C

## 배틀 유형

| 물어뜯기 | 80 |
|---|---|
| 덮치기 | 65 |
| 동료 호출 | ?? |

**특수 능력**
**불사신의 몸**
이미 죽은 몸이라 일반적인 공격으로는 죽지 않는다.

## 쓰러져도 다시 살아나는 불사신 몬스터

무덤 속에서 모습을 드러내는 움직이는 시체다. 이미 죽은 몸이기에 여러 번 공격당해도 대부분 다시 살아난다. 묘지에서 싸움을 벌일 때는 동료를 불러 집단으로 대항하기도 한다. 이러한 특성으로 인해 배틀 상대로는 매우 까다로운 존재다.

# #08 스나카케바바

영혼계

공격력
B

기술력 A        C 방어력

B          A
체력        스피드

## 배틀 유형

| | |
|---|---|
| 모래구름 | 75 |
| 할퀴기 | 70 |
| 모래 뿌리기 | 85 |

**특수 능력**

### 모래의 지배자

모래가 있는 경기장에서는 모든 능력이 강화된다.

## 상대를 혼란에 빠뜨리는 최강 노파

할머니의 모습을 한 불길한 존재로, 모래를 이용해 인간을 겁주는 특징을 가지고 있다. 신체 능력이 매우 뛰어나며, 특히 발이 빠르다. 뛰어난 스피드로 상대를 혼란에 빠뜨린 뒤, 모래를 뿌려 상대방을 겁주거나 시야를 차단한다. 모래가 있는 경기장에서는 평소보다 더욱 뛰어난 실력을 발휘한다.

29

배틀4

연속 공격과 무한 체력, 승패의 행방은?

# 좀비 VS 스나카케바바

경기장 / 해안가 묘지

숙

파

바

박

① 땅속에서 모습을 드러낸 좀비가
스나카케바바에게 달려들지만,
스나카케바바는 주특기인 모래 뿌리기
공격으로 좀비를 모조리 물리치려 합니다.

아
안

수
욱

어
슬
렁

어
슬
렁

**특수 능력**

## 불사신의 몸

이미 죽은 몸이라 일반적인
공격으로는 죽지 않는다.

② 스나카케바바의 연속 공격에 좀비는 어찌할 바를 모르는군요.
하지만 몇 번을 쓰러져도 다시 일어나 다가오는 좀비 때무에
점점 여유가 없어지는 스나카케바바입니다.

**3** 바다까지 내몰린 스나카케바바는 당황한 나머지 바닷물에 젖은 모래를 좀비에게 던지는데요! 그러자 좀비의 몸이 너덜너덜해 집니다. 스나카케바바와 좀비 모두 깜짝 놀라는군요!

※좀비의 약점은 소금으로, 스나카케바바가 던진 모래는 바닷물에 젖어 있다.

**4** 좀비의 약점을 발견한 스나카케바바! 도망치는 좀비를 향해 바닷물에 젖은 모래를 마구 뿌리며 좀비 무리를 모조리 물리칩니다!

# #09 톤카라톤

저승계

공격력
A

기술력 B        B 방어력

B        A

체력        스피드

## 배틀 유형

| 자전거 공격 | 85 |
|---|---|
| 회전 베기 | 90 |
| 단번에 베기 | 80 |

**특수 능력**

### 죽음의 붕대 감기

몸통의 붕대를 이용해
상대의 움직임을 차단한다.

## 자전거 위에서 칼을 휘두르는 괴인

온몸에 붕대를 둘둘 감고 있는 인간의 모습이며,
'통통 통카라통'이라고 노래하며 자전거를 타고 나타난다.
드리프트와 같은 자전거 주행 기술을 선보이며 허리춤에서
일본도를 뽑아 상대를 찌르는 공격을 한다. 또한 붕대를
이용해 공격하기도 한다.

# #10 나일악어

지구 생물

공격력
A

기술력 C ◆ A 방어력

B C
체력 스피드

## 배틀 유형

| 물어뜯기 | 70 |
|---|---|
| 꼬리 휘두르기 | 80 |
| 발톱으로 찢기 | 85 |

### 특수 능력
#### 데스롤
물속으로 끌고 들어가 몸통을
회전시켜 타격을 입힌다.

## 물어뜯기로 목숨을 빼앗는 습지의 제왕

아프리카에 서식하는 거대 악어로, 몸길이가 6m에 달하고
몸무게는 700kg이 넘는다. 강력한 이빨과 날카로운 발톱,
단단하고 긴 꼬리를 무기로 사용하여 공격하며, 적에게 반격할
틈을 주지 않는다. 공격뿐만 아니라 단단한 등판으로 적의
어떠한 공격도 막아낸다.

배틀 5

날카로운 엄니와 일본도, 어느 쪽이 강할까?

# 톤카라톤 VS 나일악어

경기장 강 주변

덥

석

① 강물에서 튀어나온 나일악어가
톤카라톤이 타고 있는 자전거를 물어뜯는데요!

※나일악어가 이빨로 무는 힘은
2t에 이른다.

좌

악

좌

악

※나일악어의 등은
갑옷처럼 단단하다.

② 화가 난 톤카라톤은 허리춤에서 일본도를 뽑아
나일악어의 등을 찌르지만 딱딱한 악어의 등에
흠집 하나 내지 못합니다.

**3** 바짝 약이 오른 톤카라톤은 쉴 새 없이 칼을 휘두릅니다. 하지만 나일악어는 아랑곳하지 않고 꼬리로 공격한 뒤 입을 벌려 톤카라톤의 목숨을 노리는데요!

타

악

휘

릭

※나일악어는 입을 벌리기가 매우 어렵다.

**특수 능력**

**죽음의 붕대 감기**

톤카라톤의 붕대는 상대방을 움직이지 못하게 한다.

꽝

꽝

톤카라톤의 승리!

**4** 나일악어의 엄니에 물리기 직전, 붕대로 나일악어의 입을 둘둘 말아 버리는 톤카라톤! 나일악어는 입을 벌리지 못해 패닉 상태에 빠져 쓰러지고 마는군요!

# #11 참수리

지구 생물

공격력
B

기술력 A B 방어력

C S

체력 스피드

## 배틀 유형

| 부리 공격 | 65 |
|---|---|
| 고속 비행 | 80 |
| 갈고리발톱 쥐기 | 80 |

**특수 능력**

### 공중 사냥

하늘에서 급강하해 상대의 급소를 노린다.

## 빠르게 적을 제압하는 하늘의 권력자

오호츠크해 주변에 서식하며, 상대를 향해 날아갈 때의 속도는 약 시속 100km에 이른다. 전속력으로 돌진해 공격하거나 강력한 부리를 이용한 공격을 펼치며 날카로운 발톱으로 상대를 붙들고 놓지 않는다. 전투 기술의 균형이 뛰어나 어떤 상황에서도 본래의 전투 태세로 돌아갈 수 있다.

# #12 골렘

천상계

공격력
A

기술력 C          S 방어력

B          C
체력        스피드

## 배틀 유형

| 암석 펀치 | 90 |
|---|---|
| 암석 방어 | 80 |
| 암석 회전 | 70 |

### 특수 능력

**마법 재생**

몸통이 조각나도 마법으로
재생한다.

## 단단한 몸으로 적을 쓰러뜨리는 바위 파수꾼

유대 전설에 등장하는 마법사가 진흙에서 만들어낸
인조인간이다. 단단한 몸으로 적의 어떤 공격에도 꿈쩍하지
않으며, 강력한 받아치기로 상대를 제압한다. 또한 마법의
힘으로 몸을 재생할 수 있는 능력을 지니고 있다. 하지만
물에 젖으면 무너지는 것이 약점이다.

배틀 6

스피드와 받아치기 공격, 어느 쪽이 이길까?

# 골렘 vs 참수리

경기장 / 호수가 있는 평지

우
지
직
웅
휘

**1** 골렘이 계속해서 나무를 뽑아 던지지만,
참수리는 여유롭게 공격을 피하는군요.

으윽
바
지
직
뷰
웅

**특수 능력**

**공중 사냥**

하늘에서 급강하해
상대의 급소를 공격한다.

**2** 하늘을 빙빙 돌며 골렘에게 다가가 돌의 연결 부위를
부리로 공격하는 참수리! 골렘의 몸이 조각조각 부서지는데요!

③ 참수리가 이겼다고 생각한 순간, 골렘이 마법 능력으로 재생합니다.
골렘은 깜짝 놀란 참수리에게 온힘을 다해 팔 망치를 휘두르네요!

콰 아 앙

**특수 능력**

**마법 재생**

골렘의 몸은
마법의 힘으로
재생할 수 있다.

미 끄 덩

④ 패배 위기에 빠진 참수리는 죽을 각오로
골렘의 머리를 감싸안습니다. 앞이 보이지 않는
골렘은 발을 잘못 디뎌 호수로 빠지고 마는군요.
※골렘의 몸은 진흙으로 만들어져 물에 약하다.

**참수리의 승리!**

# #13 갓파

영혼계

공격력
B

기술력 A · B 방어력

체력 A · B 스피드

## 배틀 유형

| 급류 공격 | 80 |
| --- | --- |
| 등딱지 방어 | 70 |
| 방귀 공격 | 75 |

**특수 능력**
**변신술**
동물이나 장식품으로
변신해 몸을 숨긴다.

## 물속을 자유자재로 헤엄치는 괴력의 물 요괴

일본 각지의 늪과 연못에 출몰하는 요괴이다. 헤엄이 주특기로
다른 동물이나 장식품 등으로 변신해 상대의 뒤통수를 치는
공격 방식을 가졌다. 힘이 세서 근접전에서는 상대를 내던지기도
하며, 강력한 방귀 공격을 하는 등 기술이 다양하다. 하지만 머리
위의 접시 물이 없어지면 힘이 빠지는 약점을 지녔다.

# #14 마녀

저승계

공격력

기술력 ⓢ ⓒ 방어력

ⓒ ⓑ

체력 스피드

## 배틀 유형

| | |
|---|---|
| 지그재그 비행 | 75 |
| 빗자루 공격 | 65 |
| 할퀴기 | 10 |

**특수 능력**

### 마법술

다양한 효력을 발휘하는 마법을 사용한다.

## 다채로운 마법 공격을 펼치는 속임수의 달인

악마와 계약을 맺어 무시무시한 마력을 얻게 된 인간이다. 빗자루를 타고 날아다니며 마법 지팡이로 다양한 마법을 부린다. 이번 대회에 출전한 선수들 중 가장 힘이 약하지만, 상황에 따라 다양한 방식으로 사용할 수 있는 마법 때문에 상대하기 까다롭다.

다양한 기술을 뽐내며 빠른 전개가 펼쳐진다!

배틀 7

# 갓파 vs 마녀

경기장 | 풀이 우거진 늪지

휜

**특수 능력**

**변신술**

갓파는 변신해서
모습을 숨길 수 있다.

① 마녀는 빗자루를 타고 갓파를 찾아다닙니다. 갑자기 마녀를
향해 멧돼지가 돌진하는데요! 공격을 피한 마녀가
마법을 걸자 멧돼지는 원래 모습인 갓파로 돌아옵니다.

② 마녀에게 다가간 갓파가 등딱지 공격을 시도합니다!
마녀는 잽싸게 공격을 피하지만, 갓파가 도망치며
내뿜은 방귀 냄새에 기절하고 마는군요.

**3** 마법 주문으로 작은 소용돌이를 잔뜩 만들어 반격에 나서는 마녀!
하지만 소용돌이를 피한 갓파는 수면 위로 점프하여
괴력으로 마녀를 내던집니다!

쾅

당

※갓파는 스모를 즐겨할 정도로
괴력을 가졌다.

**특수 능력**

**마법술**

마녀는 자연을 조종하는
마법을 사용한다.

**4** 패배 위기에 처한 마녀는 커다란
소용돌이를 일으켜 갓파를 공격하는데요!
강한 바람으로 갓파의 머리 접시에 있는
물을 날려 쓰러뜨립니다!

**마녀의
승리!**

※갓파의 약점은 머리의 접시로,
안에 물이 없으면 힘이 빠진다.

# 흰코뿔소

지구 생물

공격력 **A**

기술력 **C**

방어력 **S**

체력 **B**

스피드 **B**

**배틀 유형**

| 뿔로 찌르기 | 80 |
|---|---|
| 돌진 | 90 |
| 내려찍기 | 85 |

**특수 능력**

**메탈 갑옷**

상대의 강력한 공격에도 타격을 입지 않는다.

## 무차별 돌진으로 적을 덮치는 육탄 전차

아프리카에 서식하는 거대한 코뿔소다. 동물계 최고의 돌진력을 자랑하며 흔들림 없이 적에게 일직선으로 달려든다. 몸의 피부가 갑옷처럼 단단해 적의 공격이 통하지 않는다. 거대한 몸집과 뿔 공격은 단번에 적을 무너뜨릴 정도의 위력을 지녔다.

# #16 츄파카브라

공격력
B

기술력 A

B 방어력

C

체력

A

스피드

## 배틀 유형

| 피 빨기 | 90 |
|---|---|
| 날카로운 손톱 | 70 |
| 날카로운 엄니 | 80 |

**특수 능력**

### 어둠 속 시력

어두운 곳에서도 앞을 볼 수
있어 적의 위치를 파악한다.

## 어둠에 몸을 숨긴 보이지 않는 사냥꾼

미국 각지에서 유명한 공포의 흡혈 UMA이다. 주특기는 점프와
비행 능력으로 빠르게 이동한다. 길고 날카로운 혀를 찔러 넣어
상대의 피를 모조리 빨아들여 공격한다. 게다가 츄파카브라는
암흑 속에서도 상대방의 위치를 파악할 수 있어 불시에
공격을 펼친다.

날카로운 혀와 단단한 피부! 찌르고 막는 창과 방패의 대결

# 배틀 8 흰코뿔소 vs 츄파카브라

경기장 / 한밤중의 초원

① 어둠 속, 츄파카브라는 흰코뿔소의 뒤에서 날카로운 손톱으로 공격합니다! 예상치 못한 공격에 흰코뿔소는 타격을 입고 마는군요.

**특수 능력**

**어둠 속 시력**

츄파카브라는 어두운 곳에서도 앞을 볼 수 있어 상대의 위치를 파악한다.

※츄파카브라는 점프력이 뛰어나다.

② 이번에는 흰코뿔소가 전속력으로 돌진합니다! 하지만 츄파카브라는 나무 위로 높이 점프해 공격을 피하네요.

③ 흰코뿔소를 피한 츄파카브라는 길게 늘어나는
날카로운 혓바닥으로 필러 흡혈 공격을 시도합니다!

※ 츄파카브라는 날카로운
혀를 필러 적의 피를 빤다.

특수 능력

메탈 갑옷

흰코뿔소의 피부는
갑옷처럼 단단하다.

흰코뿔소의
승리!

④ 하지만 츄파카브라의 날카로운 혀가
흰코뿔소의 몸에 전혀 들어가지 않습니다.
이때 전력 돌진하는 흰코뿔소,
츄파카브라를 들이받아 날려 버립니다!

47

## 배틀 1

**사자 VS 터보할머니**

사자는 터보할머니의 빠른 발을 이용한 전략 때문에 당황했지만, 압도적인 공격력으로 2회전에 진출했다.

## 배틀 2

**뱀파이어 VS 슬라임**

슬라임은 뱀파이어의 날카로운 손톱 공격에 위기를 맞았으나, 주특기를 살린 공격으로 역전승을 거두었다.

## 배틀 3

**진 VS 플라잉휴머노이드**

진은 플라잉휴머노이드의 비행 공격에 고전했지만, 정확한 상황 판단으로 2회전 진출을 확정했다.

## 배틀 4

**좀비 VS 스나카케바바**

스나카케바바는 좀비의 압도적인 내구력에 절망했으나, 기적적으로 약점을 발견해 역전승을 거두었다.

우승을 향한 치열한 전투의 막이 올랐다. 참가자들은 다채로운 기술과 치밀한 전술을 선보인다. 생존을 건 격렬한 대결에 관객들의 시선이 고정된다!

## 배틀 5

톤카라톤

나일악어

양측 모두 치열한 경기를 펼쳤으나, 톤카라톤이 나일악어의 움직임을 차단하는 전략으로 완승을 거두었다.

## 배틀 6

참수리

골렘

골렘이 체격에서 압도적 우위를 보였지만, 참수리의 치밀한 공격으로 2회전 진출을 이루었다.

## 배틀 7

갓파

마녀

갓파의 다채로운 공격에 마녀가 고전을 거듭했으나, 주특기인 마법으로 역전승을 거두었다.

## 배틀 8

흰코뿔소

츄파카브라

츄파카브라가 승부를 걸었으나 흰코뿔소는 갑옷 같은 몸통과 공격력으로 승리해 2회전에 진출했다.

다음은 B팀 1회전이 시작된다!

# #17 텐구

공격력

A

기술력 A | B 방어력

B | B

체력 | 스피드

## 배틀 유형

| 바람 일으키기 | 90 |
| --- | --- |
| 고속 비행 | 80 |
| 돌팔매질 | 85 |

**특수 능력**

### 신통력

신비한 염력으로 상대의
움직임을 차단한다.

## 부채로 강풍을 일으키는 산의 신

일본 전설에 등장하는 요괴이자 산의 신이다. 나막신을 신고
등에 날개가 달렸다. 손에 쥔 부채로 강풍과 태풍을 일으키며,
돌을 던지거나 나무를 쓰러뜨려 적을 공격한다. 텐구는
신비한 염력으로 상대를 꼼짝 못하게 만들기도 한다.

B 팀

#18 펜리르

천상계

공격력 A

기술력 B    A 방어력

체력 B    A 스피드

배틀 유형

| 전광석화 | 80 |
| 물어 찢기 | 90 |
| 갓 어택 | 95 |

특수 능력

신의 쇠사슬

발목의 쇠사슬로 상대를
움직이지 못하게 묶는다.

압도적인 괴력으로 돌진하는, 신수

북미 신화에 등장하는, 신들조차 두려워하는 늑대다. 신들이
쇠사슬로 봉인했으나, 강력한 힘으로 이를 끊어 버렸다. 적을
압도하는 괴력을 지녔으며, 날카로운 엄니와 발톱을 가졌고
코에서는 불을 내뿜기도 한다. 위협적인 체격과 더불어
엄청난 속도와 점프력까지 두루 갖추었다.

51

신성한 숲에서 승리의 신과 함께 웃을 자는?

배틀 9 텐구 VS 펜리르

경기장 / 일본의 숲

휘
웅

타
안

펄
럭

허
억

우
뚝

파
바
박

**1** 펜리르가 텐구에게 달려들자, 텐구는 부채로 돌풍을 일으킵니다!
몸이 날아갈 위기에 처한 펜리르는 간신히 큰 나무 뒤로 몸을 숨겨 보는데요.

특수 능력

신통력

텐구는 염력으로 상대의
움직임을 차단한다.

**2** 펜리르도 땅을 박차며 커다란 돌을 던져 텐구를 공격합니다.
텐구는 신통력으로 공격을 막아 내는군요!

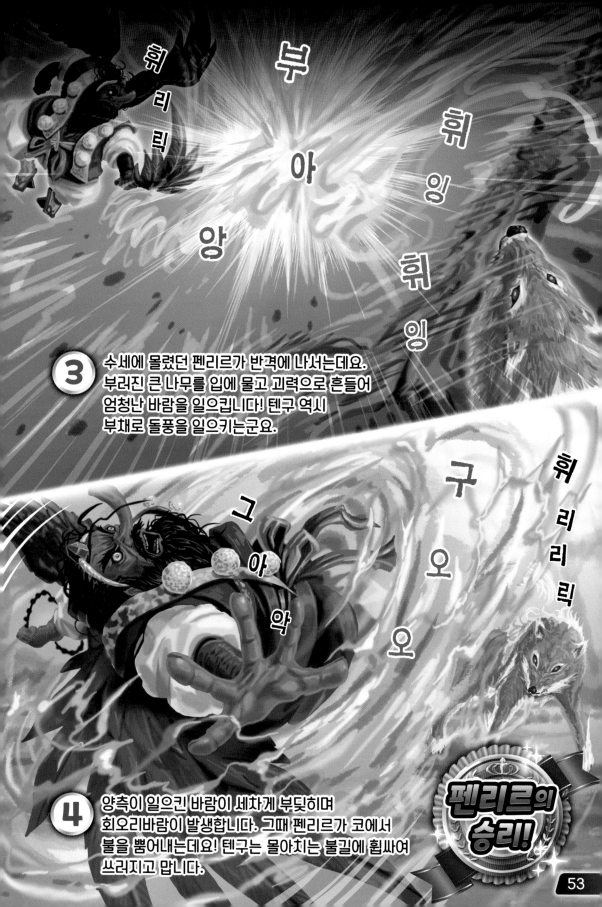

부

휘
리
릭

아

앙

아
앙

휘
잉

휐
잉

**③** 수세에 몰렸던 펜리르가 반격에 나서는데요.
부러진 큰 나무를 입에 물고 괴력으로 흔들어
엄청난 바람을 일으킵니다! 텐구 역시
부채로 돌풍을 일으키는군요.

그

아

악

구

오

오

휘
리
리
릭

**④** 양측이 일으킨 바람이 세차게 부딪히며
회오리바람이 발생합니다. 그때 펜리르가 코에서
불을 뿜어내는데요! 텐구는 몰아치는 불길에 휩싸여
쓰러지고 맙니다.

펜리르의
승리!!

# #19 버니맨

저승계

공격력 **B**
기술력 **B**
방어력 **C**
체력 **B**
스피드 **C**

## 배틀 유형

| 도끼로 찍기 | 80 |
|---|---|
| 엉덩이 공격 | 75 |
| 머리 휘두르기 | ?? |

**특수 능력**
### 포커페이스

인형 탈을 쓰고 있어
속마음을 들키지 않는다.

## 도끼로 목숨을 노리는 인형 탈 악마

미국을 중심으로 알려진, 토끼 인형 탈을 쓴 괴인이다.
손에 든 도끼로 공격하며, 근거리와 원거리 모두에서
위협적이다. 그러나 인형 탈 속 정체는 절대 드러나선 안 된다.
전투 중 인형 탈이 벗겨지지 않도록 각별히 주의해야 한다.

# #20 강시

영혼계

공격력
B

기술력 B      B 방어력

체력 B      B 스피드

## 배틀 유형

| 쿵후 펀치 | 85 |
|---|---|
| 돌려차기 | 70 |
| 백덤블링 | 85 |

### 특수 능력
## 무한 에너지

계속되는 전투에도 체력이
고갈되지 않는다.

## 무술에 통달한 쿵후 달인

중국의 좀비로, 시체지만 몸이 부패하지 않는다.
머리에 부적을 붙이고 있으며, 중국 무술인 소림사 권법을
통달한 쿵후의 달인이다. 무술 수련으로 습득한 격투 기술은
상대를 일격에 쓰러뜨릴 정도의 위력을 지녔다.
그러나 부적이 떨어지면 움직일 수 없게 된다.

중국 무술과 날카로운 도끼의 대격돌

## 배틀10 버니맨 vs 강시

경기장 / 차이나타운

타
앙

스

륵

**①** 강시의 빠른 움직임에 버니맨은 필사적으로
도망치며 공격을 시도합니다. 하지만 강시는
손쉽게 공격을 피하며 점프 펀치를 날리는군요!

휘

잉

※강시는 다리 힘이 세다.

**②** 버니맨도 질세라 도끼를 휘둘러 강시를 공격하지만,
강시는 빠른 돌려차기로 도끼를 날려 버립니다!

③ 공격 무기를 잃은 버니맨을 향해 강시가 승리를 위한 마지막 공격에 나서는군요. 쿵후로 얼굴을 강타해 버니맨의 머리가 날아갑니다!

④ 큰 위기에 빠진 버니맨은 공중제비를 돌며 벗겨진 인형 탈을 강시에게 날려 버립니다! 얼굴에 정통으로 맞은 강시는 그대로 쓰러지고 마는군요.
※버니맨의 머리에 쓴 인형 탈은 볼링공처럼 무겁다.

# #21 가루다

천상계

공격력 A

기술력 A

방어력 B

체력 B

스피드 A

## 배틀 유형

| 메가톤 불 공격 | 90 |
|---|---|
| 불꽃 손톱 | 90 |
| 부리 공격 | 80 |

### 특수 능력
**샤이닝 플래시**

몸통이 황금빛으로 번쩍여
적의 시야를 차단한다.

## 불길로 모든 것을 태워 버리는 괴조

가루다는 인도 신화에 등장하는 신조이다. 불처럼 빛나며 열을
내뿜는 모습이 특징이다. 입에서 내뿜는 불꽃은 매우 강력하여
모든 것을 태워 버릴 정도의 위력을 가지고 있다. 또한 엄청난
속도로 하늘을 날 수 있다. 날카로운 부리와 강력한 발톱,
그리고 강인한 날개로 적에게 큰 타격을 줄 수 있는 존재이다.

# #22 고릴라

지구 생물

공격력
A

기술력 A     B 방어력

체력 A     B 스피드

**배틀 유형**

| | |
|---|---|
| 마운틴해머 | 85 |
| 고릴라 래리어트 | 90 |
| 강력 태클 | 85 |

**특수 능력**
**숲의 수호자**
나무를 이용해 공격하는 등 숲을 이용해 힘을 발휘한다.

## 힘과 기술 모두 뛰어난 숲의 실력자

고릴라는 주로 아프리카 대륙에 서식한다. 네 발로 걸어 다니며, 달릴 때는 시속 약 40km의 속도를 낼 수 있다. 팔의 힘은 약 500kg에 달해, 강력한 펀치와 으스러뜨리는 공격으로 강력한 위력을 발휘한다. 또한 지능이 매우 뛰어나 상황에 맞는 정확한 판단을 내릴 수 있다.

전술과 전술의 대결에서 누가 이길까?

# 배틀 11 가루다 vs 고릴라

경기장 / 정글

**1** 고릴라는 나무를 이용해 점핑 발차기를 날리지만,
가루다는 방향을 바꿔가며 공격을 피합니다.

부
아
앙

**2** 빠르게 공중제비를 돌며 불길을 내뿜는 가루다!
고릴라는 높이 점프하여 아슬아슬하게
공격을 피하는군요!

쿠

앙

**특수 능력**
**샤이닝 플래시**
가루다는 몸통을 번쩍여서 상대의 시야를 차단한다.

③ 필살기인 샤이닝 플래시를 발동한 가루다, 눈앞이 보이지 않게 된 고릴라를 향해 온힘을 실어 강력한 어퍼컷을 날립니다!

※정글에서는 고릴라의 실력이 발휘되기 쉽다.

타

악

④ 가루다는 큰 타격을 입은 고릴라에게 승리의 기술인 전광석화를 발동하는데요! 그러나 힘차게 점프해 공격을 피한 고릴라가 롤링 해머 어택으로 가루다의 얼굴을 세게 가격합니다!

**고릴라의 승리!**

# #23 메두사

공격력
A
기술력 B
B 방어력
체력 B
C 스피드

## 배틀 유형

| 독사 머리 | 75 |
|---|---|
| 꼬리 조르기 | 85 |
| 꼬리 채찍 | 80 |

**특수 능력**

### 스톤 아이

눈을 마주친 상대를 돌로 만들어 버린다.

## 상대를 돌로 만드는 위험한 여제

그리스 신화에 등장하는 괴물이다. 보석처럼 빛나는 눈을 가지고 있으며, 머리에는 수많은 독사가 달려 있다. 메두사의 눈을 직접 쳐다본 자는 돌로 변한다. 공격 방식은 다양한데, 머리에 달린 독사들과 연계하여 공격하거나 큰 뱀의 몸통을 이용해 적을 누르는 등 여러 전술을 구사한다.

# #24 로쿠로쿠비

영혼계

공격력

B

기술력 S · B 방어력

C · B

체력 스피드

## 배틀 유형

| 목으로 휘감기 | 80 |
|---|---|
| 조르기 | 80 |
| 토네이도 공격 | 90 |

**특수 능력**

### 원격 조종술

목으로 상대를 유인한 후에
몸통으로 공격한다.

## 무한대로 늘어나는 긴 목으로 적을 제압

로쿠로쿠비는 일본에서 전해지는 긴 목을 가진 요괴로,
주로 기모노를 입은 여성의 모습으로 나타난다. 그녀의 주요
공격 방식은 긴 목을 이용해 적을 휘감거나 조르는 것이며,
목을 활용해 적의 시선을 끈 뒤 뒤에서 몸통을 가격하는
속임수를 구사한다.

긴 목과 수없이 많은 목의 대결 승자는?

# 배틀 12 메두사 vs 로쿠로쿠비

경기장 / 메마른 정원

흐

아

악

**①**

메두사는 배틀 시작과 동시에 공격에 나섭니다!
로쿠로쿠비를 노려보며 돌로 만들려 하는군요. 하지만
로쿠로쿠비는 긴 목을 이용해 메두사의 뒷머리를
따라다니며 시선을 피하는데요!

특수 능력

스톤 아이

메두사는 눈을 마주친
상대를 돌로 만들어 버린다.

치

익

**②**

메두사의 시선을 피해 뒤로만 쫓아다니자,
이번에는 머리의 독사가 로쿠로쿠비의 목을 공격합니다!
독사의 기습 공격에 타격을 입고 마네요!

64

③ 로쿠로쿠비가 지친 사이, 잽싸게 다가간 메두사는
강제로 로쿠로쿠비의 머리를 잡아 돌로 만들려 합니다.

덥

석

※로쿠로쿠비는
목과 몸통을 자유자재로
움직여 예상치 못한
공격을 한다.

타

악

로쿠로쿠비의
승리!!

④ 그러나 로쿠로쿠비와 눈을 마주치기 직전,
등 뒤에서 로쿠로쿠비의 몸통이 점프 발차기를
날리는군요! 결국 메두사는 쓰러지고 맙니다.

# #25 누리카베

영혼계

공격력

A

기술력 A    S 방어력

B     C

체력     스피드

## 배틀 유형

| | |
|---|---|
| 밀치기 | 75 |
| 완벽 방어 | 100 |
| 땅으로 파고들기 | 85 |

**특수 능력**

## 크기 변신

거대한 몸을 더 크거나 작게
만들 수 있다.

## 어떤 공격도 튕겨 내는 철벽 요괴

지나가는 사람의 앞을 가로막아 방해하는 일본의 요괴이다.
커다란 직사각형 몸통을 가진 이 요괴는 상대의 공격을 완벽히
막아낸다. 주요 공격 방식은 강력한 밀치기와 누르기이며,
때로는 구멍을 파서 몸을 숨기거나 몸 크기를 자유자재로
조절해 상대를 기습하기도 한다.

# #26 모라그

UMA

공격력 B

기술력 C

방어력 B

체력 B

스피드 B

## 배틀 유형

| 갈기갈기 찢기 | 75 |
|---|---|
| 물대포 | 85 |
| 박치기 | 70 |

**특수 능력**

### 수중 공격

물속으로 끌고 들어가 유리한 상황으로 만든다.

## 박력 넘치는 수중 공격에 강한 호수의 정령

스코틀랜드의 모라호에 나타난다고 전해지는 목이 긴 공룡을 닮은 UMA이다. 코끼리보다 큰 체격을 지녔으며, 긴 목을 멀리 뻗어 물어뜯는 공격과 거대한 몸집으로 상대를 짓누르는 공격이 특징이다. 육지보다 수중에서 더욱 강력한 힘을 발휘한다

③ 반격에 나선 모라그, 누리카베의 발을 향해 물대포 공격을 시도하는데요.
물대포에 맞은 누리카베는 균형을 잃고 뒤로 넘어지고 마는군요.
위험을 감지한 누리카베, 재빨리 모래 속으로 몸을 숨깁니다.

푸

슝

※누리카베는 땅속을
파고들 수 있다.

※모라그는 뱃살이 약하다.

터

억

누리카베의
승리!

④ 모라그가 누리카베를 찾아 주변을 두리번거리는 순간,
땅속에 숨어 있던 누리카베가 튀어나와 기습 공격을
가해 승리를 거둡니다!

B팀

# #27 유니콘

천상계

공격력
B

기술력 B     C 방어력

S     A

체력     스피드

### 배틀 유형

| 뿔 드릴 | 90 |
| --- | --- |
| 스피드 어택 | 75 |
| 발차기 | 80 |

**특수 능력**

**신성한 몸**

신비한 능력으로 부상을
회복한다.

## 신비한 치유력을 지닌 백마

이마에 1m가 넘는 긴 뿔이 난 상상 속 동물이다. 유럽에서는
힘과 순결의 상징으로 여겨진다. 뿔은 이 생물의 가장
강력한 무기로, 정면으로 돌진하여 뿔로 적을 들이받는다.
상처를 입으면 신비한 능력으로 스스로를 치유할 수
있다고 전해진다.

70

# #28 아나콘다

지구 생물

공격력 B

기술력 C

방어력 B

체력 A

스피드 C

## 배틀 유형

| 몸통 조르기 | 75 |
| --- | --- |
| 통째로 삼키기 | 80 |
| 물어뜯기 | 85 |

### 특수 능력
**똬리 틀기 방어**

몸을 작고 둥글게 말아
상대의 공격을 방어한다.

## 거대한 몸통으로 휘감아 조르는 최강의 뱀

아마존 열대우림에서 서식하며, 몸길이가 10m를 넘는 큰
뱀이다. 이 뱀의 공격 패턴은 기다란 몸으로 적을 휘감는
방식이다. 강인한 근력으로 적을 조이면 뼈가 부러질 정도의
강력한 힘을 발휘한다. 또한 위아래 턱의 인대는 신축성이
뛰어나 큰 생물도 통째로 삼킬 수 있다.

사나운 피라냐를 조심하라!

# 배틀 14 유니콘 vs 아나콘다

경기장 / 아마존

**①** 풀숲에서 튀어나온 아나콘다가
유니콘에게 달려들어 공격을 시도합니다!
하지만 유니콘의 뒷발차기에 얻어맞고 마는데요.

퍼
억

※아나콘다는 휘감는 힘이 세다.

빙
클

빙
클

**②** 분노에 찬 아나콘다는 다시 유니콘에게 달려들어 몸통을 휘감습니다.
유니콘이 필사적으로 벗어나려 하지만, 꼼짝도 하지 못하네요.

③ 아나콘다를 떼어 내려고 물속으로 들어가는 유니콘! 하지만 연못에는 피라냐 무리가 득실거립니다. 양측 모두 피라냐의 사나운 공격에 상처를 입고마는군요.

첨벙

첨벙

으악

첨벙

으악

※피라냐는 평소에는 온순하지만, 수면의 소음 등에 사나워진다.

쿠

욱

첨벙

번쩍

으

첨벙

번쩍

특수 능력

신성한 몸

신비한 능력으로 타격을 입어도 회복할 수 있다.

④ 둘 다 기진맥진한 가운데, 유니콘의 신비한 치유 능력이 발동되어 서서히 회복되기 시작합니다. 체력이 떨어진 아나콘다를 향해 유니콘은 마지막 힘을 모아 날카로운 뿔로 찌르며 반격합니다!

유니콘의 승리!

# #29 예티

UMA

공격력

A

기술력 B    B 방어력

체력 A    B 스피드

**배틀 유형**

| 눈덩이 던지기 | 85 |
|---|---|
| 파워 펀치 | 90 |
| 덮치기 | 75 |

**특수 능력**

**털가죽 방어**

털로 뒤덮인 몸통으로
공격을 막아 낸다.

## 다채로운 눈 공격과 괴력으로 무장한 설인

히말라야산맥에 서식한다. 크고 다부진 체격에 온몸이 털로
덮여 있어 극한의 추위를 견딜 수 있으며 방어력이 뛰어나다.
거대한 몸집에서 나오는 강력한 힘으로 직접적인 물리 공격을
가하는 한편, 눈덩이를 던지거나 나무를 흔들어 눈사태를
일으키는 등 환경을 이용한 공격도 구사한다.

# #30 군대개미

지구 생물

공격력 C

기술력 S

방어력 C

체력 C

스피드 C

## 배틀 유형

| 물어뜯기 | 45 |
|---|---|
| 독침 | 60 |
| 동료 호출 | ?? |

**특수 능력**

### 군대 전술

역할을 분담해 적을
공격한다.

## 연대 공격으로 적을 제압하는 최강 군대

주로 열대 우림 지역에 서식한다. 여왕개미를 중심으로 역할을
분담하며, 특히 적이 나타나면 병정개미들이 연대하여 제압한다.
상황에 따라 임기응변으로 대응하는 능력도 갖추고 있어 아무리
거대한 상대라도 과감하게 공격을 시도한다. 주요 무기는 강력한
턱과 엉덩이의 독침이다.

**3** 하지만 끊임없이 밀려오는 군대개미의 행렬에 예티는 결국 숲으로 후퇴합니다.

※군대개미의 수가 너무 많아 예티는 체력을 회복하려고 거리를 두었다.

뽀

드

득

특수 능력

**군대 전술**

숲에는 다른 군대개미 부대가 대기하고 있다.

따

끔

따

끔

**4** 예티는 숲에 숨어 체력을 회복하려 했지만, 이는 군대개미의 함정이었군요! 나무 위에서 기어 나오는 수많은 군대개미가 날카로운 턱으로 예티를 공격합니다.

**군대개미의 승리!**

# #31 네시

UMA

공격력
B

기술력 C

방어력 B

체력 B

스피드 B

## 배틀 유형

| 지느러미 공격 | 80 |
|---|---|
| 물어뜯기 | 85 |
| 몸통 공격 | 90 |

**특수 능력**

### 물 분사

입에서 물을 뿜어 상대를
위협한다.

## 거대한 지느러미와 몸통으로 수중전 제패

스코틀랜드의 네스 호에서 목격되었다는 전설적인 UMA이다.
일부에서는 중생대의 수장룡인 플레시오사우루스가 현재까지
생존한 것이라고 추측한다. 긴 목과 커다란 지느러미, 거대한
몸통으로 위압감을 준다. 강력한 지느러미로 공격하면 단번에
상대를 제압할 수 있을 정도의 위력을 지녔다고 전해진다.

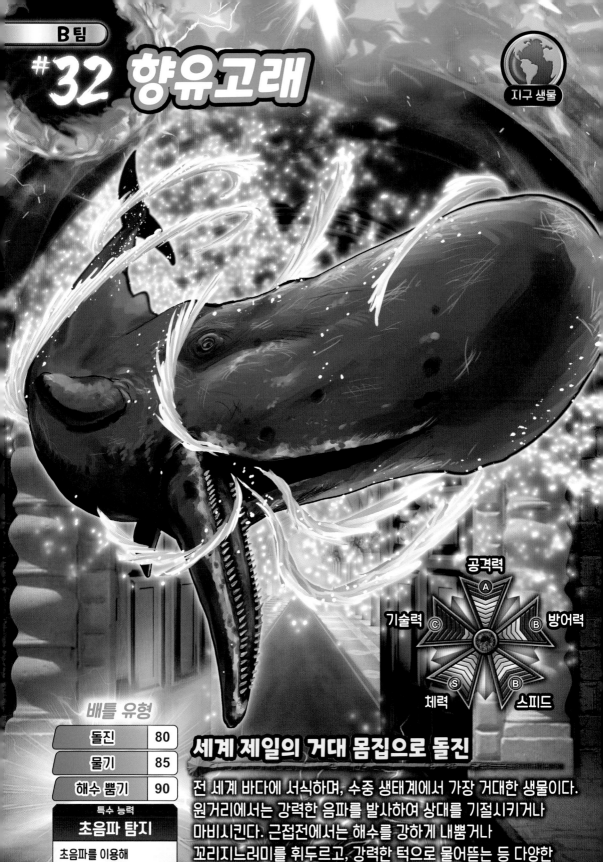

# #32 향유고래

지구 생물

공격력
A
기술력 C    B 방어력
체력 S    B 스피드

## 배틀 유형

| 돌진 | 80 |
|---|---|
| 물기 | 85 |
| 해수 뿜기 | 90 |

### 특수 능력

#### 초음파 탐지

초음파를 이용해
적의 위치를 알아낸다.

## 세계 제일의 거대 몸집으로 돌진

전 세계 바다에 서식하며, 수중 생태계에서 가장 거대한 생물이다.
원거리에서는 강력한 음파를 발사하여 상대를 기절시키거나
마비시킨다. 근접전에서는 해수를 강하게 내뿜거나
꼬리지느러미를 휘두르고, 강력한 턱으로 물어뜯는 등 다양한
공격을 펼친다. 수심 3,000m까지 잠수할 수 있다.

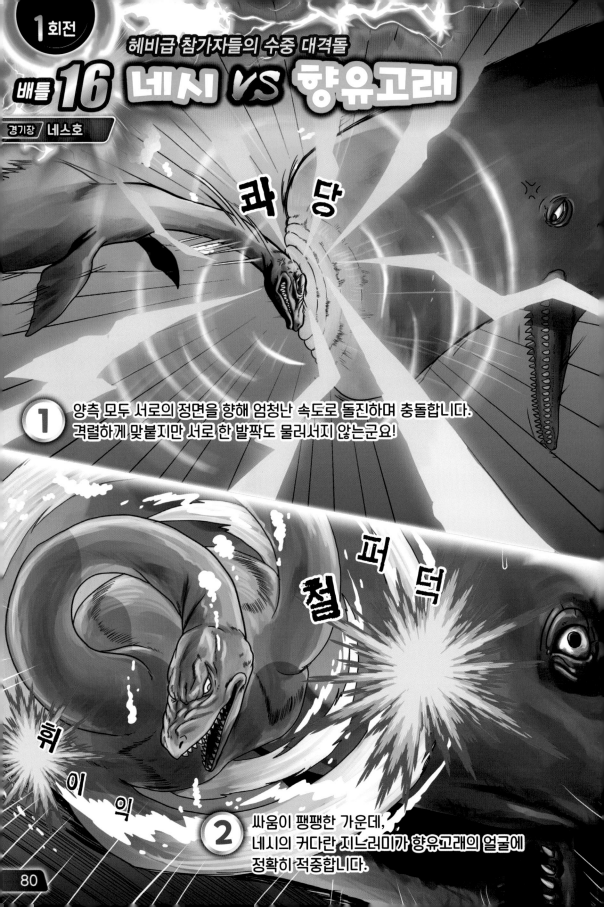

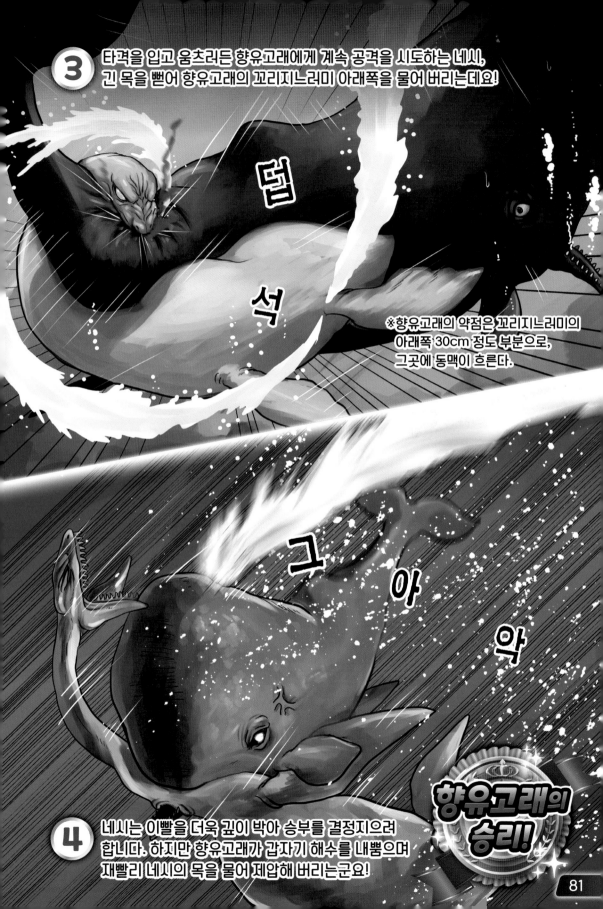

❸ 타격을 입고 움츠러든 향유고래에게 계속 공격을 시도하는 네시, 긴 목을 뻗어 향유고래의 꼬리지느러미 아래쪽을 물어 버리는데요!

덥

석

※향유고래의 약점은 꼬리지느러미의 아래쪽 30cm 정도 부분으로, 그곳에 동맥이 흐른다.

그

아

악

❹ 네시는 이빨을 더욱 깊이 박아 승부를 결정지으려 합니다. 하지만 향유고래가 갑자기 해수를 내뿜으며 재빨리 네시의 목을 물어 제압해 버리는군요!

향유고래의
승리!

## 배틀 9

텐구

펜리르

텐구의 강풍과 강력한 신통력 공격에
펜리르가 고전했지만, 불꽃 공격이 효과를
발휘해 2회전에 진출했다.

## 배틀 10

버니맨

강시

강시의 기발한 점프 공격에 버니맨이
패배 위기에 빠졌으나, 머리 공격이 적중해
극적인 승리를 거두었다.

## 배틀 11

가루다

고릴라

가루다는 비행 공격으로 팽팽히 맞섰지만,
고릴라의 강력한 공격이 결정타가 되어
2회전 진출 기회를 잡았다.

## 배틀 12

메두사

로쿠로쿠비

메두사는 로쿠로쿠비를 돌로 만들려
했으나, 로쿠로쿠비가 필살기로 메두사를
제압하고 승리를 차지했다.

A팀과 B팀을 포함한 1회전의 16경기가 이로써 마무리되었다.
2회전에서는 1회전을 뛰어넘는 격렬한 경쟁이 예상된다.

## 배틀 13

누리카베 VS 모라그

초반에는 모라그의 공격에 밀리는 모습을
보였지만, 누리카베가 지상 공격으로
모라그를 격파해 2회전에 진출했다.

## 배틀 14

유니콘 VS 아나콘다

아나콘다의 몸통 휘감기 공격으로 유니콘이
위기에 빠졌으나, 유니콘의 회복 능력이 빛을
발해 역전승을 거두었다.

## 배틀 15

예티 VS 군대개미

예티가 눈보라 공격을 퍼부었지만,
군대개미는 연합 공격으로 예티를 제압하고
2회전 진출에 성공했다.

## 배틀 16

네시 VS 향유고래

네시가 긴 목으로 향유고래의 급소를
공격했으나, 향유고래가 압도적인 힘으로
네시를 제압하며 1회전을 통과했다.

다음은 A팀 2회전이 시작된다!

# 출전 선수 파헤치기

## 1

## 로쿠로쿠비

### 일본 에도시대부터 전해 내려오는 유명한 요괴!

로쿠로쿠비는 일본에서 널리 알려진 요괴로, 그 역사는 에도 시대까지 거슬러 올라간다. 에도 시대의 그림이나 문헌에는 밤중에 목을 길게 늘어뜨리고 행등(行燈, 안돈)의 기름을 핥는 모습이 묘사되어 있다. 로쿠로쿠비는 일반적으로 여성으로 그려지지만, 《바케모노 혼례 그림책》에는 남성 로쿠로쿠비의 모습도 등장한다.

긴 목을 내밀어 인간을 위협하는 로쿠로쿠비의 모습.
출전: 시즈오카현립중앙도서관 소장

### 관전 포인트

말레이시아 보르네오 섬에서 전해지는 흡혈 요괴. 낮에는 평범한 여성이지만, 밤이 되면 몸통에서 목이 떨어져 날아다닌다.

로쿠로쿠비와 비슷한 특징을 가진 요괴들은 여러 나라의 전설에서 찾아볼 수 있다. 중국 요괴인 '비두만'은 머리가 몸통에서 분리되어 하늘을 날아다닌다. 남미의 요괴인 '촌촌'은 몸통 없이 거대한 귀를 날개처럼 펄럭이며 하늘을 날아다닌다. 이 밖에도 말레이시아의 하늘을 나는 요괴 '페낭가란' 등이 있다.

루시퍼 VS 사자
P88

설녀 VS 슬라임
P90

몽골리안데스웜 VS 진
P94

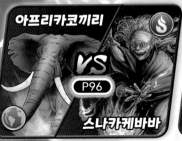
아프리카코끼리 VS 스나카케바바
P96

리자드맨 VS 톤카라톤
P100

듀폰 VS 참수리
P102

아무르호랑이 VS 마녀
P106

배틀 시작!
2회전
총 16 배틀

드래곤 VS 흰코뿔소
P108

범고래 VS 펜리르
P114

프랑켄슈타인 VS 버니맨
P116

쿠네쿠네 VS 고릴라
P120

불곰 VS 로쿠로쿠비
P122

웬디고 VS 누리카베
P126

주사남 VS 유니콘
P128

플랫우즈몬스터 VS 군대개미
P132

케르베로스 VS 향유고래
P134

# #33 루시퍼

저승계

공격력

기술력 A · B 방어력

체력 B · A 스피드

## 배틀 유형

| 불공 쏘기 | 80 |
|---|---|
| 몸통 박치기 | 80 |
| 창 공격 | 70 |

**특수 능력**

### 악마 변신

악마의 모습으로 변신하면
모든 능력이 상승한다.

## 불공으로 적을 제압하는 타락 천사

원래 천상계의 천사였으나 추방되어 '타락 천사'가 된 존재로,
'지옥의 왕'으로도 알려져 있다. 무한한 마력을 지녔으며 강력한
불공 쏘기와 뾰족한 창 공격, 공중 공격 등 다양한 전투 방식을
구사한다. 또한 상황에 따라 다양한 모습으로 변신할 수 있는
능력까지 갖추고 있다.

# #34 설녀

시드 선수

영혼계

공격력
A

기술력 A          C 방어력

체력 C          B 스피드

## 배틀 유형

| 눈보라 | 80 |
|--------|-----|
| 얼음 입김 | 80 |
| 고드름 발 | 70 |

**특수 능력**

### 얼음 방어

상대를 얼리거나 얼음을
이용해 꼼작 못하게 한다.

## 눈보라로 적을 얼려 버리는 얼음의 여왕

젊고 아름다운 여성 요괴로, 창백하고 하얀 피부에 흰 기모노를
입고 긴 머리를 한 모습으로 나타난다. 주요 능력은 얼어붙을
정도로 차가운 입김을 내뿜어 적의 움직임을 제한하는 것이다.
또한 눈을 이용한 고드름 공격이나 상대를 눈 속에 파묻는 등
다양한 눈 관련 공격을 구사한다.

정글에서 펼쳐지는 다이내믹 배틀

# 배틀 1 루시퍼 VS 사자

경기장 / 아프리카의 숲

샤

샥

**1** 배틀이 시작되자마자 루시퍼는
불꽃 공격으로 사자를 압박합니다.
사자는 민첩하게 움직여 나무를 방패 삼아
공격을 피하는군요!

으르렁

아

**2** 루시퍼의 공격을 피해
큰 바위 위로 올라간 사자가
숲속을 울리는 큰 포효를 내뱉습니다.

③ 정글에 사자가 있다는 사실을 알자,
온갖 동물이 숲에서 몰려나오는데요!
루시퍼는 순식간에 동물들에게
둘러싸이고마는군요!

**특수 능력**
**백수의 왕**
사자를 마주치면
동물 대부분은
도망친다.

덥
석

④ 루시퍼가 상황을 파악하는 사이, 동물들 사이에
숨어 있던 사자가 루시퍼에게 돌진합니다.
사자가 온 힘을 다해 날카로운 이빨로 물어뜯자
루시퍼는 결국 쓰러지고 마는군요.

**사자의
승리!**

③ 반격에 나선 설녀는 얼음으로 둥근 우리를 만들어
슬라임을 가두려 합니다. 얼음 우리에 갇힌
슬라임은 꼼짝없이 패배의 위기에
빠지고 마는데요!

후
훗

**특수 능력**
**얼음 방어**

설녀는 얼음을 이용해
상대의 움직임을 차단한다.

타 앙

**특수 능력**
**젤리 몸통**

슬라임은 몸통을
자유자재로 늘리고
줄인다.

④ 설녀가 슬라임을 제거하려는 순간, 슬라임은
둥근 우리 안에서 몸을 여러 개로 나누어 반동을
이용한 구슬 공격을 시도합니다. 예상치 못한
슬라임의 공격에 설녀는 결국 쓰러지고 마네요!

**슬라임의
승리!**

# #35 몽골리안데스웜

UMA

공격력
A

기술력 A    B 방어력

B    S

체력    스피드

## 배틀 유형

| 독 안개 | 85 |
|---|---|
| 땅굴 파기 | 80 |
| 물어뜯기 | 90 |

**특수 능력**
**전기 충격파 공격**
전기 충격으로 상대를
움직이지 못하게 한다.

## 땅속에서 튀어나와 적을 덮치는 괴물 곤충

사막에 서식하며 지렁이 모양이다. 주로 땅속에 숨어 있다가
적의 발밑에서 튀어나와 공격하는 방식으로 사냥한다. 독 안개를
분사하여 상대의 시야를 가리고 혼란을 주며, 꼬리에서 전기를
방출해 적의 움직임을 방해하는 능력을 지니고 있다. 또한, 땅을
파고 들어갔다 나오는 교란 작전에 능숙하다.

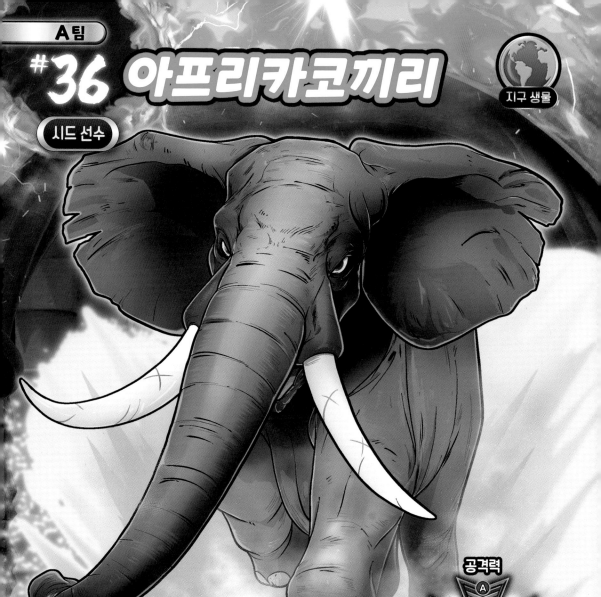

# #36 아프리카코끼리

지구 생물

시드 선수

공격력 A

기술력 B

방어력 S

체력 A

스피드 B

**배틀 유형**

| 상아 공격 | 85 |
|---|---|
| 코로 후려치기 | 85 |
| 발로 짓밟기 | 95 |

**특수 능력**

**근육질 몸통**

두터운 피부로 뒤덮여 있어 좀처럼 타격을 받지 않는다.

## 강렬한 파워로 적을 내려치는 천하장사

아프리카 사바나에 서식하며, 몸무게가 약 10톤을 넘기도 한다. 돌진 공격과 강인한 코를 휘두르는 공격, 그리고 커다란 발로 짓밟는 등 위력적인 공격을 펼친다. 또한 약 3cm 두께의 피부는 적의 공격에도 좀처럼 타격을 입지 않는다.

배틀 3

시시각각 변하는 경기장에서의 승부

**몽골리안데스웜 VS 진**

경기장 / 일본의 계곡

우
지
끈

① 몽골리안데스웜이 튀어나온 순간,
소리로 알아챈 진은 커다란 나무로
선제공격에 들어갑니다.

특수 능력

**전투 사고력**

진은 상대의 공격을
예측하고 대응책을
준비해 두었다.

뭉게
뭉게

※몽골리안데스웜은 독을
안개처럼 분사한다.

쉬
이
익

부
웅

② 부상을 입은 몽골리안데스웜은 일단 땅속으로 몸을 숨기는데요.
얼마 후, 다시 한 번 땅속에서 튀어나와 공격을 시도하지만 공격을 피하는 진!
그 순간, 몽골리안데스웜이 독 안개를 분사합니다.

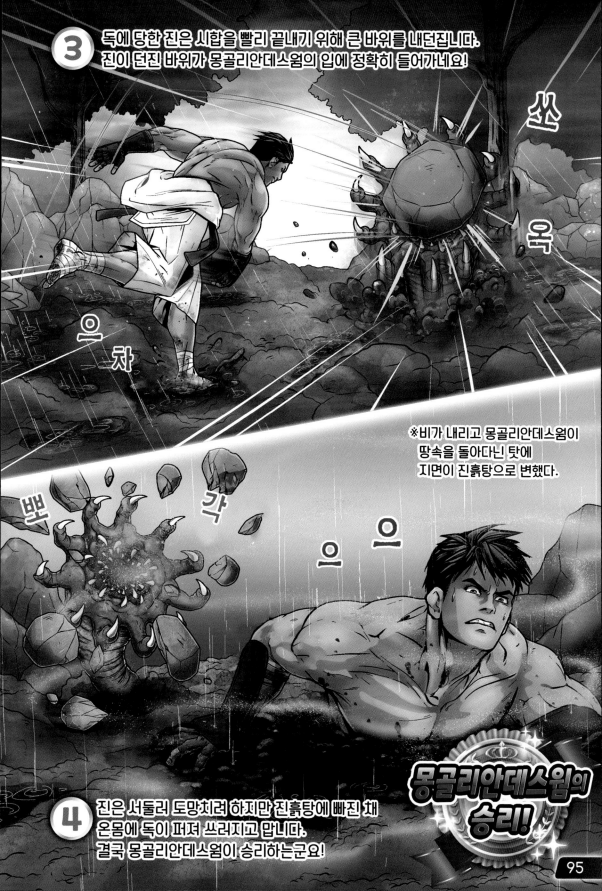

③ 독에 당한 진은 시합을 빨리 끝내기 위해 큰 바위를 내던집니다.
진이 던진 바위가 몽골리안데스웜의 입에 정확히 들어가네요!

쏘

옥

으

차

※비가 내리고 몽골리안데스웜이
땅속을 돌아다닌 탓에
지면이 진흙탕으로 변했다.

뽁

각

으 으

몽골리안데스웜의
승리!!

④ 진은 서둘러 도망치려 하지만 진흙탕에 빠진 채
온몸에 독이 퍼져 쓰러지고 맙니다.
결국 몽골리안데스웜이 승리하는군요!

배틀 **4**

기술과 힘의 대격돌

# 아프리카코끼리 vs 스나카케바바

두

두

두

허억

**1** 아프리카코끼리는 배틀이 시작하자마자 전력으로 돌진합니다. 압도적인 공격에 스나카케바바는 전속력으로 도망치는군요.

특수 능력

**모래의 지배자**

스나카케바바는 사막에서 속도가 더 빨라진다.

좌

악

쾅

빙

클

**2** 끈질기게 쫓아가는 아프리카코끼리! 스나카케바바는 나무 앞에서 갑자기 방향을 바꾸고, 옆으로 점프하며 아프리카코끼리의 눈에 모래를 뿌립니다. 앞이 보이지 않게 된 아프리카코끼리는 사납게 날뛰기 시작하는데요!

③ 스나카케바바는 승부를 내기 위해 온 힘을 다해 모래 총알을 쏩니다!

하아악

이얏

구

오오

쿵

크으익

※아프리카코끼리의 몸통은 매우 단단하다.

부웅

탁

④ 아프리카코끼리의 패배로 끝나기 직전, 부러진 나뭇가지를 코로 말아 쥐고 모래 총알을 튕겨 내는 아프리카코끼리! 모래 총알에 정통으로 맞은 스나카케바바는 결국 쓰러지고 마는군요!

아프리카코끼리의 승리!

# #37 리자드맨

시드 선수

UMA

공격력
B

기술력 A

방어력 A

체력 B

스피드 B

## 배틀 유형

| 날카로운 손톱 | 80 |
| --- | --- |
| 꼬리 채찍 | 80 |
| 도마뱀 태클 | 90 |

**특수 능력**

**냉정 · 침착**

영리한 두뇌를 이용해
상대를 공격한다.

## 꼬리를 교묘하게 휘둘러 공격하는 UMA

미국 사우스캐롤라이나주의 습지대에 나타난다. 온몸이 녹색
비늘로 뒤덮여 있으며, 얼굴은 도마뱀과 유사한 특징을 가지고
있다. 발달한 손톱과 두툼한 꼬리를 무기로 삼아 적의 숨통을
조이는 공격 방식을 보이며, 특히 뛰어난 지능으로 경기장의
지형적 특성을 전술적으로 활용하는 것이 특징이다.

# #38 듀폰

시드 선수

저승계

공격력
A

기술력 A | A 방어력

체력 A | B 스피드

## 배틀 유형

| 화염 폭발 | 95 |
|---|---|
| 독살 | 80 |
| 토네이도 | 80 |

**특수 능력**

### 뱀의 눈

뱀의 시각으로
상대의 위치를 파악한다.

## 머리에 수많은 독사가 달린 뱀의 화신

그리스 신화에 등장하는 전설의 괴물이다. 하반신은 거대한
독사의 모습이며, 어깨부터 100마리나 되는 뱀의 머리가
자라 있다. 거대한 몸집으로 짓누르는 공격과 입과 눈에서
불꽃을 내뿜는 공격, 독살 공격 등을 펼친다. 목소리가 커서
땅이 울릴 정도다.

③ 리자드맨은 톤카라톤의 자전거를 부수기 위해 꼬리를 휘둘러 보지만, 톤카라톤은 전속력으로 언덕을 올라가 꼬리 공격을 피합니다.

사 라 락

※리자드맨은 꼬리가 매우 강력하다.

이 익

치

④ 리자드맨이 다시 공격하려는 순간, 언덕에서 높이 점프해 내려온 톤카라톤이 자전거를 급회전하며 칼을 휘둘러 리자드맨을 베어 버립니다!

톤카라톤의 승리!

드넓은 하늘에서 역동적인 공격으로 승리를 노리다!

# 배틀 6 듀폰 vs 참수리

경기장 숲

파닥 파닥

**①** 나무 앞에 잠복해 있던 듀폰에게 참수리 떼가 날아옵니다. 거대한 무리가 일제히 듀폰을 공격하는데요.

※참수리는 무리 지어 행동하며 숲이나 해안가 벼랑에 둥지를 짓는다.

※듀폰 머리의 뱀은 사납고 강하다.

구 불 구 불 구 불

**②** 참수리 떼의 맹렬한 공격에 듀폰도 즉각 반격에 나섭니다. 머리에서 꿈틀대는 수많은 뱀이 참수리 무리를 향해 공격하는군요!

쿠욱

특수 능력
공중 사냥
하늘에서 급강하해
상대의 급소를 노린다.

③ 듀폰은 눈에서 맹렬한 불꽃을 내뿜으며 참수리를 공격합니다.
하지만 참수리는 번개처럼 재빠르게 듀폰의 공격을 피하며,
날카로운 부리로 승부수를 띄웁니다!

툭

퉁

빙글

투둥

빙글

④ 참수리가 승리를 목전에 둔 순간, 듀폰은 몸통을
회전시켜 강력한 토네이도을 일으킵니다! 거센 바람에
퉁겨 나간 참수리는 결국 쓰러지고 마는군요!

듀폰의
승리!

103

# #39 아무르호랑이

시드 선수

지구 생물

공격력
B

기술력 A        C 방어력

체력 B        B 스피드

### 배틀 유형

| 발톱으로 찢기 | 85 |
|---|---|
| 물어뜯기 | 90 |
| 로켓 어택 | 80 |

**특수 능력**

### 닌자야수

나무를 오르거나 물속을
헤엄치는 데 익숙하다.

## 지구 최고의 공격력을 자랑하는 황금색 야수

러시아에 서식하며 추운 날씨에 강하다. 엄청난 속도와
점프력으로 적에게 접근해 날카로운 엄니로 치명타를 가하는
압도적인 공격력을 지녔으며, 강력한 앞발과 갈고리 같은
발톱으로 거대한 생물에게도 싸움을 도발한다.
나무를 오르거나 물속을 헤엄치는 능력도 뛰어나다.

# #40 드래곤

시드 선수

천상계

공격력
S

기술력 B        A 방어력

체력 B        A 스피드

## 배틀 유형

| 불꽃 입김 | 100 |
|---|---|
| 날개 공격 | 85 |
| 꼬리 블레이드 | 90 |

### 특수 능력
**불의 전사**

불을 무력화하며 불을 쐬면
능력이 강화되기도 한다.

## 대화염으로 싸움터를 주무르는 하늘의 지배자

서양에서 전해져 내려오는 전설의 생물이다. 온몸이 단단한
비늘로 뒤덮여 있고, 입에는 적을 갈가리 찢을 수 있는 날카로운
엄니가 솟아있다. 날카로운 발톱, 커다란 날개, 강인하고 긴
꼬리로 다양한 공격을 펼치는데, 특히 드래곤의 상징인 화염
공격은 위력이 엄청나 적을 단번에 불태워 버릴 수 있다.

특수 능력과 물리 공격 중 강한 것은 무엇일까?

# 배틀 7 아무르호랑이 VS 마녀

경기장 / 일본의 동물원

① 마녀가 나무 위에서 아무르호랑이의
움직임을 관찰하며 빈틈을 노리고 있네요.

특수 능력

닌자야수

아무르호랑이는
나무에 오를 수 있다.

② 빗자루를 타고 하늘로 날아오르는 마녀!
아무르호랑이는 나무를 발판 삼아 높이 점프해
빗자루를 물어 마녀를 떨어뜨리는군요!

**③** 아무르호랑이는 떨어지는 마녀를 향해 발톱을 날리지만, 마녀는 마법으로 트램펄린을 꺼내 KO를 겨우 피하네요. 연못으로 떨어진 아무르호랑이는 거침없이 헤엄쳐 나갑니다.

특수 능력

마법술

마녀는 마법으로 다양한 도구를 꺼낸다.

첨벙

파지지직

마녀의 승리!

**④** 양보 없는 싸움이 이어지는 가운데, 마녀는 마법으로 근처의 전선을 잘라 연못으로 떨어뜨립니다! 아무르호랑이가 감전되어 정신을 잃고 마는군요.

# 배틀 8

좁은 장소에서 박력 넘치는 배틀!

# 드래곤 VS 흰코뿔소

경기장 / 연못

그
아
악

① 연못에 몸을 담근 흰코뿔소에게 드래곤이 달려듭니다.
흰코뿔소가 뾰족한 뿔을 내밀며 공격 자세를 취하자,
위기를 느낀 드래곤은 일단 뒤로 물러서는데요.

**특수 능력**

**메탈 갑옷**

흰코뿔소의 단단한 몸을 이용한
돌진 공격은 강력하다.

파
당

② 다시 공격에 나선 드래곤은 갑자기 방향을 바꿔
흰코뿔소에게 접근합니다. 흰코뿔소는 연잎에
몸을 숨긴 채 드래곤의 뒤로 돌아가 돌진 공격을 퍼붓는군요.

③ 위기에 몰린 드래곤은 불꽃으로
연잎을 태워 버리지만,
흰코뿔소는 엄청난 스피드로
드래곤을 들이받으며 뿔로 찔러
깊은 상처를 입히는군요!

④ 흰코뿔소는 전력으로 돌진하며 드래곤의 숨통을
끊으려 하지만, 점프하며 공격을 피하는 드래곤!
지체 없이 흰코뿔소를 발로 차 날려 버립니다.
바위에 부딪친 흰코뿔소는 정신을 잃고 마네요.

드래곤의
승리!

## 배틀 1

루시퍼

사자

경기장을 효과적으로 이용한 사자가 우승 후보였던 루시퍼를 상대로 기적적인 승리를 거두었다.

## 배틀 2

설녀

슬라임

1회전과 마찬가지로 슬라임의 특성을 살린 응용 공격을 펼쳐 시드 선수를 상대로 멋지게 승리했다.

## 배틀 3

몽골리안데스웜

진

나무와 바위를 이용한 진의 공격이 우세했지만, 몽골리안데스웜의 막판 독 공격이 3회전 진출을 결정지었다.

## 배틀 4

아프리카코끼리

스나카케바바

아프리카코끼리가 절묘한 받아치기로 스타카케바바를 누르고 멋지게 2회전을 통과했다.

격렬했던 1회전에서 멋지게 승리한 A팀의 전사들 외에 이제부터 전투력이 강한 시드 선수들이 등장한다. 더욱 격렬한 전투가 이어진다.

## 배틀 5

### 리자드맨

### 톤카라톤

양측 모두 한 치의 양보 없는 싸움을 펼쳤지만, 톤카라톤이 자전거를 이용한 공격으로 강하게 밀어붙여 3회전에 진출했다.

## 배틀 6

### 듀폰

### 참수리

참수리 무리가 스피드를 활용한 선제공격을 퍼부었지만, 듀폰이 강력한 공격력을 선보이며 참수리를 보기 좋게 물리쳤다.

## 배틀 7

### 아무르호랑이

### 마녀

아무르호랑이가 뛰어난 신체 능력을 이용한 공격으로 마녀를 압도했지만, 마녀는 마법을 활용한 전술로 2회전을 통과했다.

## 배틀 8

### 드래곤

### 흰코뿔소

흰코뿔소가 드래곤의 압도적인 공격에도 위축되지 않고 과감한 공격을 펼쳤지만, 결국 드래곤이 3회전에 진출했다.

다음은 B팀 2회전이 시작된다!

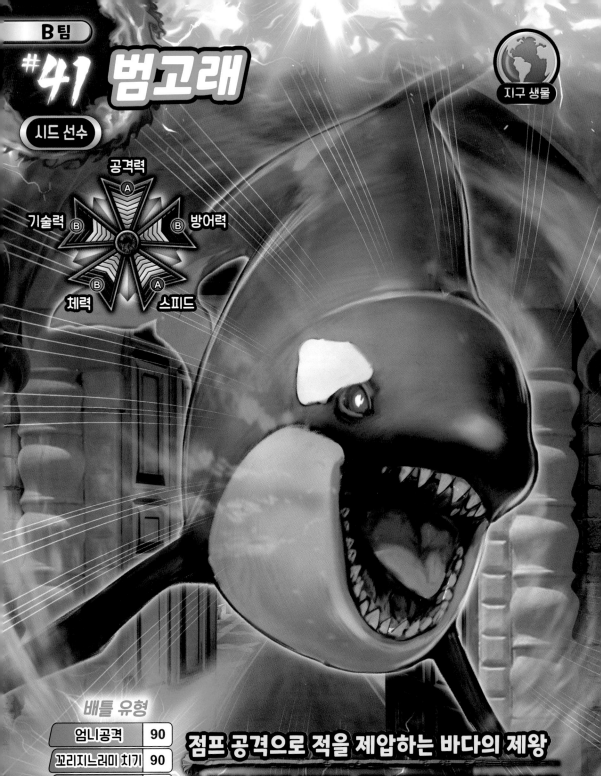

공격력 A

기술력 B

방어력 B

체력 B

스피드 A

**배틀 유형**

| 엄니공격 | 90 |
|---|---|
| 꼬리지느러미 치기 | 90 |
| 물 뿌리기 | 80 |

특수 능력

**사냥 기술**

학습 능력으로 알맞은
공격 방법을 찾아낸다.

## 점프 공격으로 적을 제압하는 바다의 제왕

전 세계의 바다에 서식하며, 해양 생태계의 최상위 포식자이다.
뛰어난 신체 능력과 공격력을 갖추고 있으며, 4미터 이상 높이로
점프할 수 있다. 강력한 엄니로 단번에 적의 목숨을 끊어 버리며,
압도적인 꼬리지느러미 공격 또한 위협적이다. 감지기로 상대방의
위치를 파악하고, 두뇌 전술에서도 뛰어나다.

# #42 프랑켄슈타인

시드 선수

영혼계

공격력

기술력 ©　　　ⓑ 방어력

체력　　　스피드

## 배틀 유형

| 괴력 펀치 | 110 |
|---|---|
| 강력 박치기 | 85 |
| 목 가격하기 | 80 |

### 특수 능력

### 빌드업

스스로 몸을 강화하고 모든
능력을 향상시킨다.

## 한계를 뛰어넘는 괴력의 최강 사이보그

이 개조 인간은 과학자 빅터 프랑켄슈타인에 의해 탄생하였다.
2m가 넘는 거인으로, 여러 시체를 이어붙인 모습이다.
스스로 몸을 강화할 수 있으며, 공격력은 이번 대회 선수 중
최상위권이다. 게다가 폭주 상태에 이르면 공격력이 더욱
증가한다.

표류물이 떠다니는 경기장의 공략법은?

# 배틀 9 범고래 vs 펜리르

경기장 오염된 바다

화
르
륵

사
사
삭

① 표류물 사이로 범고래가 달려듭니다.
펜리르는 표류물을 피해 경기장 전체에
불을 뿌려 불바다로 만드는데요!

철
캉

철
캉

모
락

모
락

모
락

모
락

② 범고래는 수면으로 떠오르지 못하고
체력을 보존하기 위해 바다 깊숙이 몸을 숨깁니다.
바다의 불은 금세 잠잠해지는군요.

**③** 펜리르의 발밑으로 들어간 범고래는 수중 회오리를 일으켜
스크류 어택을 시도하고, 펜리르의 숨통을 끊으려 달려듭니다!

쿠

르

르

룽

꽈

당

특수 능력

**신의 쇠사슬**

펜리르의 발에 묶인
신의 쇠사슬은 적의
움직임을 차단한다.

그

아

악

둘

둘

둘

챠

라

락

**④** 범고래가 승리를 앞둔 순간, 펜리르의 몸에 묶인
신의 쇠사슬이 범고래를 휘감습니다.
펜리르는 움직이지 못하는 범고래를 몸통으로
들이받아 수면 위로 내려치는군요!

**펜리르의
승리!!**

# #43 쿠네쿠네

저승계

공격력

기술력 (A) (C) 방어력

체력 (B) (C) 스피드

## 배틀 유형

| 휘감기 | 85 |
|---|---|
| 조르기 | 65 |
| 순관이동 | 60 |

**특수 능력**

### 기묘한 몸동작

신비한 움직임으로 적을
혼란에 빠뜨린다.

## 상대를 혼란에 빠뜨리는 마술사

일본 각지의 논에 나타나는 괴물로, 새하얀 몸을 구불거리며
움직인다. 자유롭게 움직이는 유연한 몸으로 적을 휘감아
조인다. 또한, 쿠네쿠네를 일정 시간 이상 쳐다본 사람은 정신
이상을 일으켜 혼란에 빠진다. 한 번 이상 증세를 일으키면
되돌아오기 어렵다.

# #44 불곰

시드 선수

지구 생물

공격력
A

기술력 B

B 방어력

체력 B

B 스피드

## 배틀 유형

| 발톱 후려치기 | 90 |
|---|---|
| 물어뜯기 | 80 |
| 덮치기 | 85 |

### 특수 능력
**후각 탐색**

상대의 냄새를 감지해
위치를 알아낸다.

## 강력한 발톱으로 찢어 갈기는 산의 왕자

주로 북반구에 서식한다. 약 6cm의 발톱과 날카로운 엄니를
사용한 공격력, 그리고 후려치는 손의 위력으로 적을
일망타진한다. 거대한 몸집에서 상상 이상의 스피드를 발휘하며,
나무를 오르거나 강을 헤엄치기도 한다. 게다가 두툼한 털로
뒤덮여 있어 방어력도 뛰어나다.

논에서 펼쳐진 기묘한 싸움의 결과는?

# 배틀 11 쿠네쿠네 vs 고릴라

경기장 / 논 주변

삐이익

흐느적

**①** 논 구석에서 갑자기 모습을 드러낸
쿠네쿠네는 고릴라를 향해
기묘한 행동을 하기 시작하는데요.

크악

**특수 능력**

**기묘한 몸동작**

독특한 움직임으로 적을
정신 이상에 빠뜨린다.

**②** 쿠네쿠네의 독특한 움직임을 본 고릴라는 갑자기 심각한 이상 증세를
보이기 시작합니다. 쿠네쿠네는 기묘한 전술로 고릴라를 괴롭히는군요.

③ 고릴라가 혼란에 빠진 사이,
쿠네쿠네는 고릴라의 몸통을
휘감아 조르기 시작합니다!

우

가 가 각

※쿠네쿠네의 몸통은 매우 유연해서
자유자재로 움직일 수 있다.

파

당

④ 그 순간, 고릴라가 엄청난 파워로
쿠네쿠네를 내던집니다. 고릴라는 생각보다
본능적으로 공격하는 동물이었군요!

고릴라의
승리!

③ 로쿠로쿠비는 낙엽이 쌓인 산으로 들어가 불곰의 시야를 낙엽으로 덮으려 합니다. 불곰은 양손을 휘둘러 필사적으로 낙엽을 떼어 내네요.

바
사
삭

**특수 능력**

**원격 조종술**

로쿠로쿠비는 머리와 몸을 따로 움직여 상대를 헷갈리게 만드는 전술이 주특기다.

④ 불곰은 로쿠로쿠비의 목숨을 끊으려 달려들지만, 절벽에서 떨어지며 그대로 정신을 잃고 맙니다! 알고 보니 로쿠로쿠비의 함정이었군요!

※불곰은 로쿠로쿠비의 머리에 정신을 빼앗겨 절벽으로 몰리는 것을 알아채지 못했다.

로쿠로쿠비의 승리!

# #45 웬디고

시드 선수

천상계

공격력
A

기술력 A

B 방어력

B

A

체력 스피드

## 배틀 유형

| 창 공격 | 80 |
|---|---|
| 얼음 입김 | 90 |
| 얼음 방어 | 85 |

**특수 능력**

### 얼음의 지배자

얼음이 있는 경기장에서는
모든 능력이 강화된다.

## 도끼로 적을 모조리 제압하는 얼음의 정령

캐나다 남부와 미국 북부의 원주민 사이에서 오래전부터
전해지는 마물이다. 이 생물은 나무로 변신하거나 새와 곤충의
목소리를 흉내 내어 적을 혼란에 빠뜨린다. 얼음 심장을 지니고
있어 블리자드처럼 차가운 얼음 입김을 내뿜으며, 손에 든
창으로 공격하기도 한다.

B 팀

# #46 주사남

시드 선수

저승계

공격력
A

기술력 A      B 방어력

체력 C      C 스피드

## 배틀 유형

| 주사기 공격 | 85 |
| --- | --- |
| 점프 킥 | 80 |
| 붕대 공격 | 85 |

**특수 능력**

### 사신의 독

주사기의 독을 맞은 상대는
대부분 쓰러진다.

## 주사기로 독을 주입하는 붕대 괴인

온몸을 붕대로 감싼 모습으로, 독약이 담긴 주사기를 들고
마을을 떠돈다. 주사기 자체는 일반적인 형태지만, 이 독이
주입되면 어떤 상대라도 움직일 수 없게 된다. 또한 붕대를
이용해 적의 움직임을 차단하는 공격 등 일반적인 방법으로는
상대할 수 없는 공격을 시도하는 것이 특징이다.

125

강력한 눈보라 속의 불꽃 튀는 대결

## 배틀13 웬디고 vs 누리카베

경기장 / 눈보라 치는 설산

**①** 창으로 선제공격을 시도하는 웬디고!
누리카베는 여유롭게 웬디고의 공격을
받아칩니다.

**②** 과감한 공격을 이어가는 웬디고와
의외로 가벼운 몸놀림으로 공격을 피하는 누리카베!
오히려 누리카베의 엉덩이 공격이 웬디고에게 적중합니다!

**3** 반격에 나서는 웬디고, 필살기인 얼음 장벽을 만들어
누리카베의 움직임을 차단합니다. 얼음 장벽에서
얼음 손이 나와 누리카베를 끌어안는데요!
패배의 위기에 빠진 누리카베!

와
락

특수 능력

**얼음의 지배자**

웬디고는 설산에서
능력이 강화된다.

※내구성이 뛰어난 누리카베도
근거리 공격에는 약하다.

쿠
앙

특수 능력

**크기 변신**

누리카베는 몸의 크기를
자유자재로 바꿀 수 있다.

누리카베의
승리!!

**4** 웬디고는 필살의 망치 공격으로 누리카베의 발을
가격하여 자세를 무너뜨리려 하지만, 거대화한
누리카베는 그대로 웬디고를 깔아뭉개 버리는군요!

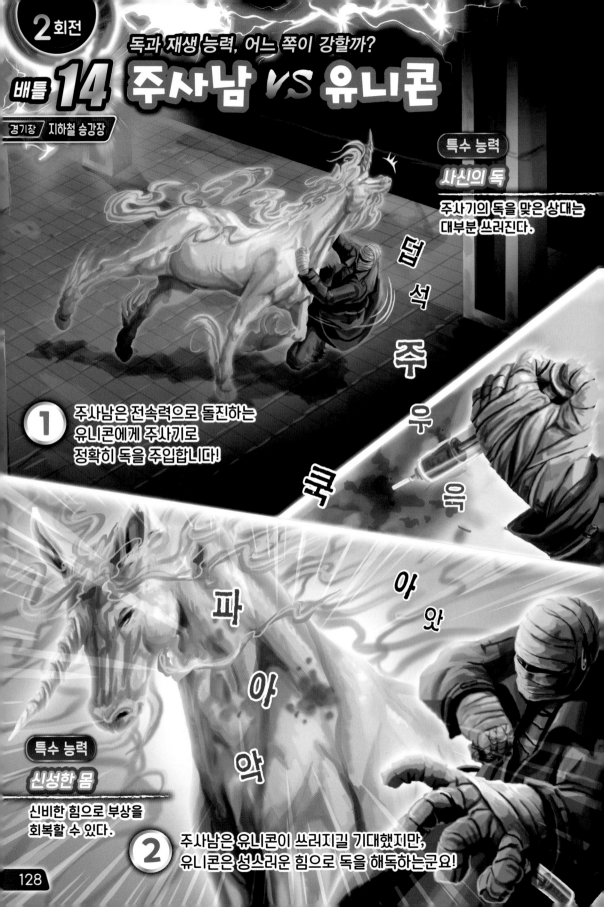

**2회전**

독과 재생 능력, 어느 쪽이 강할까?

# 배틀 14 주사남 VS 유니콘

경기장 지하철 승강장

**특수 능력**

**사신의 독**

주사기의 독을 맞은 상대는 대부분 쓰러진다.

덥석 주우욱 쿡

파 아 악

아 왓

**①** 주사남은 전속력으로 돌진하는 유니콘에게 주사기로 정확히 독을 주입합니다!

**특수 능력**

**신성한 몸**

신비한 힘으로 부상을 회복할 수 있다.

**②** 주사남은 유니콘이 쓰러지길 기대했지만, 유니콘은 성스러운 힘으로 독을 해독하는군요!

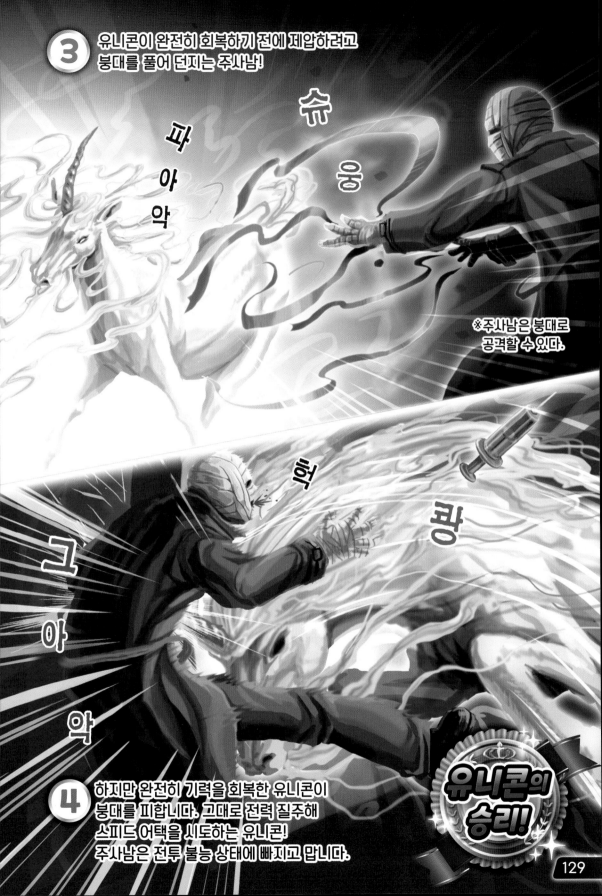

**3** 유니콘이 완전히 회복하기 전에 제압하려고
붕대를 풀어 던지는 주사남!

슈웅

파아악

※주사남은 붕대로
공격할 수 있다.

헉

쾅

그아악

**4** 하지만 완전히 기력을 회복한 유니콘이
붕대를 피합니다. 그대로 전력 질주해
스피드 어택을 시도하는 유니콘!
주사남은 전투 불능 상태에 빠지고 맙니다.

유니콘의
승리!

# #47 플랫우즈몬스터

시드 선수

UMA

공격력

B

기술력 S  C 방어력

체력 C  A 스피드

## 배틀 유형

| 독 공격 | 85 |
|---|---|
| 플래시 공격 | 85 |
| 토네이도 스핀 | 80 |

**특수 능력**

## 초고속 분석 능력

적의 정보를 분석해
초고속으로 전술을 세운다.

## 치맛자락에서 독을 살포하는 우주인

스페이드 모양의 장식을 머리에 뒤집어쓰고, 오렌지색으로
빛나는 눈과 녹색 원피스를 입은 우주인이다. 치마 끝자락에서
독가스를 살포하며 비행하면서도, 땅 위의 적을 독으로 공격할
수 있다. 상세한 능력은 알려지지 않았으며, UFO와
연관이 있다.

# #48 케르베로스

시드 선수

저승계

공격력
A

기술력 A

B 방어력

체력 B

A 스피드

## 배틀 유형

| 물어 찢기 | 80 |
|---|---|
| 돌진 공격 | 90 |
| 트리오 어택 | 95 |

**특수 능력**

### 콤비네이션 공격

세 개의 목이 저마다 다르게
움직여 상대를 교란시킨다.

## 세 가지 공격을 동시에 퍼붓는 파수꾼 개

그리스 신화에 등장하는 듀폰(P99)의 자식으로, 지옥의
파수꾼이라 불리는 괴물 개이다. 강력한 꼬리와 엄니, 발톱으로
공격하며, 세 가지의 다른 공격을 동시에 받으면 피하기 매우
어렵다. 자장가를 들으면 금세 잠들어 버리는 치명적인
약점을 가지고 있다.

호흡이 잘 맞는 무한 연대 공격

배틀 15

# 플랫우즈몬스터 VS 군대개미

경기장 / 정글

우
글
우
글

**1** 개미집에서 수많은 군대개미가 기어 나옵니다.
플랫우즈몬스터는 비행하며 상황을 살피는데요.

※플랫우즈몬스터는
독가스를 분출할 수 있다.

스
멀
스
멀

특수 능력

## 군대 전술

군대개미는 역할을 분담해
적을 공격한다.

**2** 군대개미는 팀을 짜서 연대해 점프대를 만들더니,
하늘을 나는 플랫우즈몬스터에게 점프를 시도합니다!
하지만 플랫우즈몬스터는 독을 살포하는군요!

**③** 독이 경기장에 퍼지자 군대개미는 독이 닿지 않는 곳으로 뿔뿔이 흩어져 이동합니다. 플랫우즈몬스터는 다시 하늘로 올라가 상황을 살피는군요.

**특수 능력**

**초고속 분석 능력**

적의 정보를 분석해 초고속으로 전술을 세운다.

※군대개미의 무리는 여왕개미가 쓰러지면 서서히 붕괴된다.

플랫우즈몬스터의 **승리!**

**④** 플랫우즈몬스터가 순식간에 여왕개미를 노려 공격합니다! 여왕개미가 쓰러지자 다른 군대개미들은 도망치고 마는군요.

133

초대형 생물과 세 개의 머리, 승리의 여신은 누구 편일까?

# 배틀 16 케르베로스 VS 향유고래

경기장 / 외딴 섬

푸

숙

케

엥

① 먼저 기선 제압에 나선 향유고래,
케르베로스의 얼굴에 해수를 쏩니다!
케르베로스도 반격하지만,
바다에 있는 향유고래에게 좀처럼 닿지 않는군요.

※케르베로스는 개헤엄을 친다.

쿠

앙

② 마음을 굳게 먹은 케르베로스!
바다로 점프해 개헤엄으로 다가가지만,
향유고래는 커다란 꼬리지느러미로
케르베로스를 내려치는군요!
바다에서는 향유고래가
압도적으로 유리하네요.

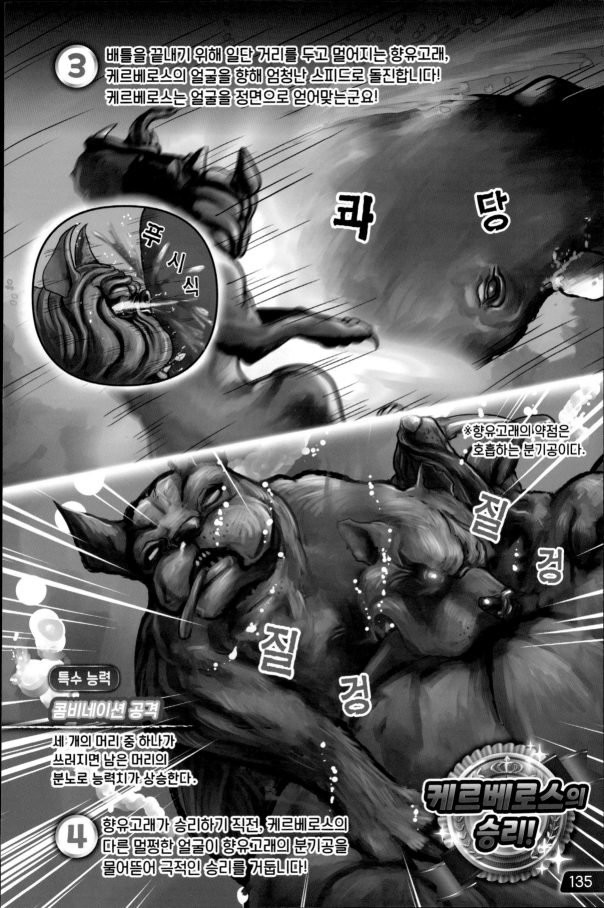

③ 배틀을 끝내기 위해 일단 거리를 두고 멀어지는 향유고래,
케르베로스의 얼굴을 향해 엄청난 스피드로 돌진합니다!
케르베로스는 얼굴을 정면으로 얻어맞는군요!

콰

당

푸
시
식

※향유고래의 약점은
호흡하는 분기공이다.

질

겅

질

겅

**특수 능력**

**콤비네이션 공격**

세 개의 머리 중 하나가
쓰러지면 남은 머리의
분노로 능력치가 상승한다.

**케르베로스의
승리!!**

④ 향유고래가 승리하기 직전, 케르베로스의
다른 멀쩡한 얼굴이 향유고래의 분기공을
물어뜯어 극적인 승리를 거둡니다!

135

# B 팀 2회전 결과 발표

## 배틀 9

### 범고래 VS 펜리르

범고래에게 유리한 경기장과 두뇌 전술로 배틀을 압도했지만, 범고래를 힘으로 제압한 펜리르가 승리했다.

## 배틀 10

### 프랑켄슈타인 VS 버니맨

프랑켄슈타인의 독무대와 같은 시합이 펼쳐졌지만, 버니맨이 운 좋게 기적을 일으켜 3회전에 진출했다.

## 배틀 11

### 쿠네쿠네 VS 고릴라

고릴라는 상대의 독특한 움직임 때문에 고전했지만, 야생 본능으로 혼란을 돌파해 쿠네쿠네를 격파했다.

## 배틀 12

### 불곰 VS 로쿠로쿠비

불곰에게 밀리던 로쿠로쿠비는 경기장을 이용한 전술로 상대를 전투 불능 상태로 만들어 3회전에 진출했다.

드디어 3회전에 진출할 선수가 정해졌다. 상대를 이겨 올라온 예선조와
2회전부터 등장한 시드조의 투지가 격렬하게 맞붙는 배틀이었다.

## 배틀 13

**웬디고**

VS

**누리카베**

웬디고는 얼음 공격을 활용해 승리를
눈앞에 두었지만, 마지막 순간 기력이 빠져
누리카베가 3회전에 진출하게 되었다.

## 배틀 14

**주사남**

VS

**유니콘**

주사남의 독약과 붕대 공격에 어려움을 겪던
유니콘은 마지막 혼신의 일격으로 승리를
손에 넣어 3회전에 진출했다.

## 배틀 15

**플랫우즈몬스터**

VS

**군대개미**

플랫우즈몬스터는 군대개미의 연대 공격을
버티며 독가스를 방출해 군대개미를 제압하고
3회전에 진출했다.

## 배틀 16

**케르베로스**

VS

**향유고래**

향유고래가 해수 공격과 강력한 돌진
공격으로 우세했으나, 약점을 물어 뜯겨
케르베로스가 3회전에 진출했다.

다음은 A팀, B팀의 3회전이 시작된다!

# A 팀

# 최강왕 결정전

**중간**

| 팀원 | |
|---|---|
| 루시퍼 | |
| 사자 | |
| 터보할머니 | |
| 설녀 | |
| 뱀파이어 | |
| 슬라임 | |
| 몽골리안데스웜 | |
| 플라잉휴머노이드 | |
| 진 | |
| 아프리카코끼리 | |
| 좀비 | |
| 스냐카케바바 | |
| 리자드맨 | |
| 톤카라톤 | |
| 나일악어 | |
| 듀폰 | |
| 참수리 | |
| 골렘 | |
| 아무르호랑이 | |
| 갓파 | |
| 마녀 | |
| 드래곤 | |
| 흰코뿔소 | |
| 츄파카브라 | |

1회전 배틀 1 → P18
1회전 배틀 2 → P22
1회전 배틀 3 → P26
1회전 배틀 4 → P30
1회전 배틀 5 → P34
1회전 배틀 6 → P38
1회전 배틀 7 → P42
1회전 배틀 8 → P46

2회전 배틀 1 → P88
2회전 배틀 2 → P90
2회전 배틀 3 → P94
2회전 배틀 4 → P96
2회전 배틀 5 → P100
2회전 배틀 6 → P102
2회전 배틀 7 → P106
2회전 배틀 8 → P108

3회전 배틀 1 → P142
3회전 배틀 2 → P144
3회전 배틀 3 → P146
3회전 배틀 4 → P148

준준결승 배틀 1 → P164
준준결승 배틀 2 → P166

준결승 배틀 1 → P176

**한층 격렬한 전투가 시작된다!**

# 토너먼트

B 팀

## 결과

결승
➡ P186

준결승 배틀 2
➡ P178

준준결승 배틀 3
➡ P168

3 회전 배틀 5
➡ P150

2 회전 배틀 9
➡ P114

1 회전 배틀 9 ➡ P52

범고래

텐구

펜리르

2 회전 배틀 10
➡ P116

1 회전 배틀 10 ➡ P56

프랑켄슈타인

버니맨

강시

3 회전 배틀 6
➡ P152

2 회전 배틀 11
➡ P120

1 회전 배틀 11 ➡ P60

쿠네쿠네

가루다

고릴라

2 회전 배틀 12
➡ P122

1 회전 배틀 12 ➡ P64

불곰

메두사

로쿠로쿠비

준준결승 배틀 4
➡ P170

3 회전 배틀 7
➡ P154

2 회전 배틀 13
➡ P126

1 회전 배틀 13 ➡ P68

웬디고

누리카베

모라그

2 회전 배틀 14
➡ P128

1 회전 배틀 14 ➡ P72

주사남

유니콘

아니콘다

3 회전 배틀 8
➡ P156

2 회전 배틀 15
➡ P132

1 회전 배틀 15 ➡ P76

플랫우즈몬스터

예티

군대개미

2 회전 배틀 16
➡ P134

1 회전 배틀 16 ➡ P80

케르베로스

네시

향유고래

베스트 16
결정!

139

# 집중 탐구!

## 출전 선수 파헤치기 ②

### 펜리르

## 신들에게 봉인된 거대 늑대

펜리르는 원래 평범한 늑대였다. 하지만 사람들에게 미움을 받아 인간을 증오하는 괴물로 변하게 되었다. 세상을 돌아다니며 사람들을 괴롭히는 펜리르를 신들이 쇠사슬로 봉인하려 했으나 실패하고 만다. 이후 신들은 절대로 끊어지지 않는 마법의 사슬 '글레이프니르'로 펜리르를 영원히 봉인하는 데 성공한다.

세계 곳곳에서 사람들을 괴롭히는 펜리르에게 분노한 신들이 어떤 방법으로도 끊어지지 않는 마법의 사슬로 펜리르를 동여매고 있다.

## 일본에서 전해지는 늑대의 존재

일본에서는 늑대를 신으로 숭배한다.

해외에서 늑대는 주로 농가를 습격하는 동물로 경계의 대상이지만, 일본에는 늑대를 신으로 섬기는 신사들이 있다. 사이타마현 치치부시의 미츠미네 신사에서는 늑대를 신의 사자로 여겨 숭배한다. 이 외에도 일본 전역에는 늑대를 섬기는 신사가 여러 곳 존재한다.

사자 VS 슬라임 P142

몽골리안데스웜 VS 아프리카코끼리 P144

톤카라톤 VS 듀폰 P146

마녀 VS 드래곤 P148

배틀 시작!
3회전
총 8
배틀

펜리르 VS 버니맨 P150

고릴라 VS 로쿠로쿠비 P152

누리카베 VS 유니콘 P154

플랫우즈몬스터 VS 케르베로스 P156

**③** 사자의 이마에 달라붙는 슬라임 본체!
흩어져 있던 슬라임 조각들도 사자의 이마에 달라붙기 시작합니다.
사자는 꼼짝하지 못하고 위기에 빠지는데요!

끈
적

끈
적

**④** 슬라임이 승리를 목전에 둔 순간,
앞서 뒤집어쓴 고운 모래 때문에
계획대로 몸을 합체하지 못하네요.
사자는 이 찰나의 기회를 놓치지 않고
슬라임을 바위에 내던집니다.
결국 슬라임은 기절하고 마는군요.

꾸
엑

※시합 도중에 발생한
모래 먼지가 승패에
큰 영향을 끼쳤다.

사자의
승리!

사바나를 쑥대밭으로 만든 격렬한 싸움

배틀 2

경기장 사바나 초원

몽골리안데스웜 vs 아프리카코끼리

**특수 능력**

**근육질 몸통**

코끼리의 단단한 몸통은 좀처럼 타격을 입지 않는다.

① 몽골리안데스웜이 배틀 시작과 동시에 기선 제압에 나서는데요! 아프리카코끼리는 전기 충격을 막아 냅니다!

파 지 직

파 지 직

타 앙

스 르 륵

**특수 능력**

**전기 충격파 공격**

전기 충격으로 상대의 움직임을 둔하게 만든다.

② 아프리카코끼리의 기운이 빠진 사이, 몽골리안데스웜의 돌진 공격이 적중하고, 몽골리안데스웜은 부리나케 땅속으로 숨어 버립니다!

144

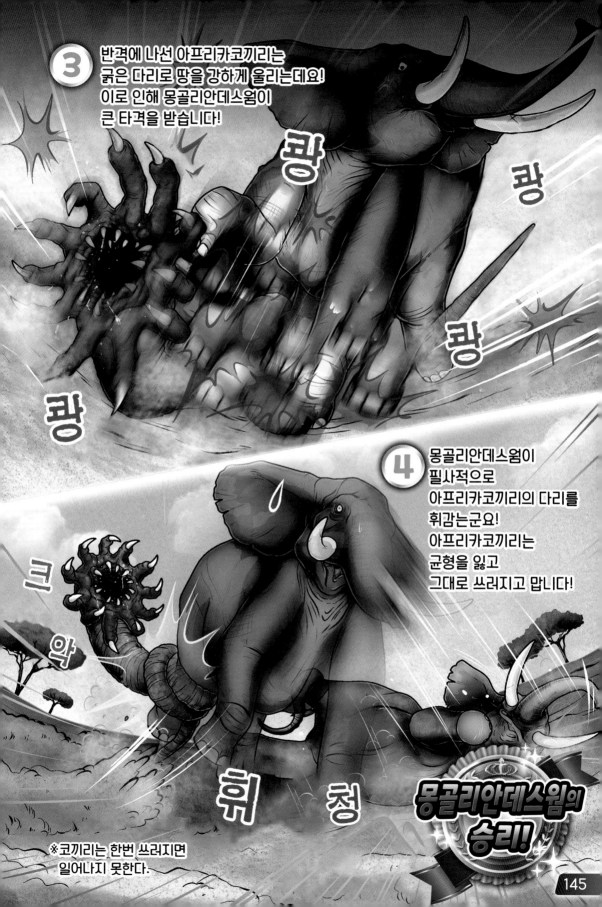

③ 반격에 나선 아프리카코끼리는
굵은 다리로 땅을 강하게 울리는데요!
이로 인해 몽골리안데스웜이
큰 타격을 받습니다!

콰

콰

콰

콰

④ 몽골리안데스웜이
필사적으로
아프리카코끼리의 다리를
휘감는군요!
아프리카코끼리는
균형을 잃고
그대로 쓰러지고 맙니다!

크

악

휘

청

몽골리안데스웜의
승리!

※코끼리는 한번 쓰러지면
일어나지 못한다.

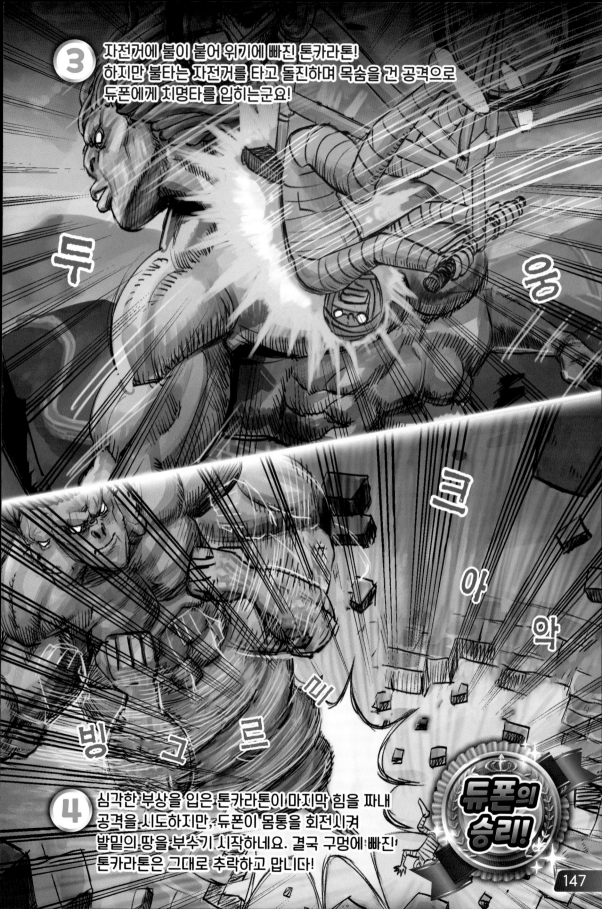

**3** 자전거에 불이 붙어 위기에 빠진 톤카라톤!
하지만 불타는 자전거를 타고 돌진하며 목숨을 건 공격으로
듀폰에게 치명타를 입히는군요!

두

웅

크

아

악

띠

그

르

빙

**4** 심각한 부상을 입은 톤카라톤이 마지막 힘을 짜내
공격을 시도하지만, 듀폰이 몸통을 회전시켜
발밑의 땅을 부수기 시작하네요. 결국 구멍에 빠진
톤카라톤은 그대로 추락하고 맙니다!

듀폰의
승리!

3 떨어지는 드래곤을 향해 마녀가 최후의 마법 공격을 시도합니다.
하지만 드래곤은 재빨리 철퇴를 들어 올려 치명타를 피하네요!

푸
슝

크
아
아

※드래곤의 화염은
철도 녹일 정도로
고온이다.

4 드래곤이 승부를 결정지으려는 듯 엄청난 불길을
내뿜습니다. 드래곤의 화염이 철퇴를 녹이고
마녀의 빗자루까지 태워 버리는데요!
마녀는 빗자루에서 떨어져 그대로 쓰러지고 맙니다.

드래곤의
승리!

배틀 5

한밤중 마을에 나타난 토끼의 정체는?

펜리르 VS 버니맨

경기장 / 한밤중의 마을

**1** 경품 토끼 인형 사이에 숨어 있던 버니맨이
갑자기 튀어나와 공격합니다!
펜리르는 꼬리로 가볍게 내리치며 방어하는군요.

**2** 그러나 이는 버니맨의 교묘한 작전이었습니다!
펜리르의 주의를 돌린 사이, 버니맨은 두 번째
공격에 나서는데요. 도끼를 부메랑처럼 던져
펜리르에게 명중시키네요!

③ 비틀거리는 펜리르에게 버니맨은 마지막 공격을 시도하는데요!
펜리르를 향해 도끼를 번쩍 치켜듭니다!

끄

으

윽

부

우

웅

카

아

악

그

르

르

릉

깍

활

활

④ 그때 펜리르가 마지막 힘을 짜내어 몸을 일으킵니다.
코에서 불을 내뿜어 버니맨을 덮치는데요! 펜리르의
불꽃이 버니맨의 인형 탈을 모조리 태워 버립니다!
결국 버니맨은 시합을 이어갈 수 없게 되어,
펜리르의 승리로 경기가 종료되네요.

펜리르의
승리!

③ 손발이 묶인 고릴라! 로쿠로쿠비가 기회를 잡아
숨통을 노리고 박치기와 발차기를 날립니다. 하지만
고릴라는 곡예사처럼 몸을 움직여 공격을 피하는군요!

부

웅

ㄲㅇ으윽

④ 로쿠로쿠비가 필살기로 고릴라를 절벽으로
밀어내려 하지만, 갑자기 목이 움직이지 않습니다.
고릴라가 무의식중에 로쿠로쿠비의 목을 기둥에 감아
버렸군요! 결국 로쿠로쿠비는 항복하고
고릴라가 승리를 거머쥡니다.

고릴라의
승리!

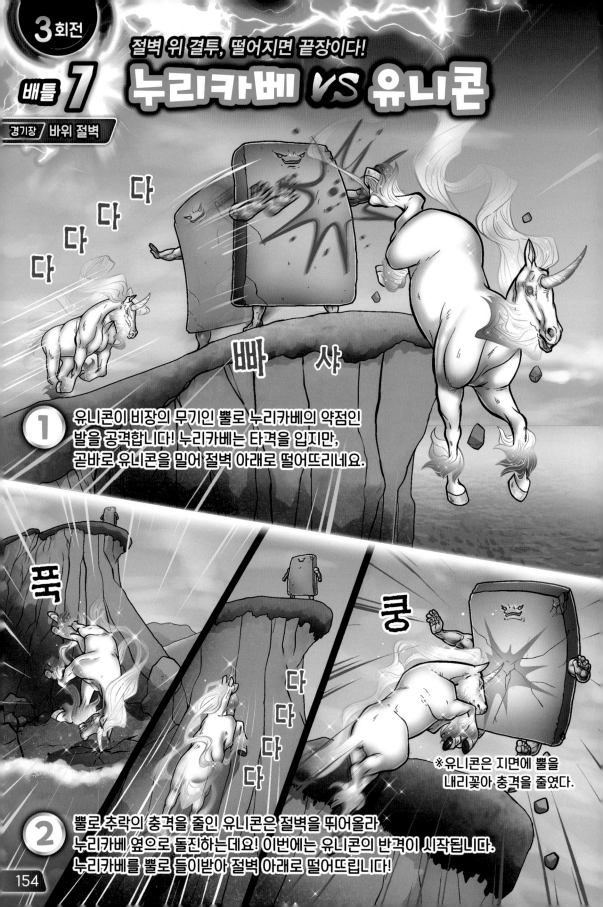

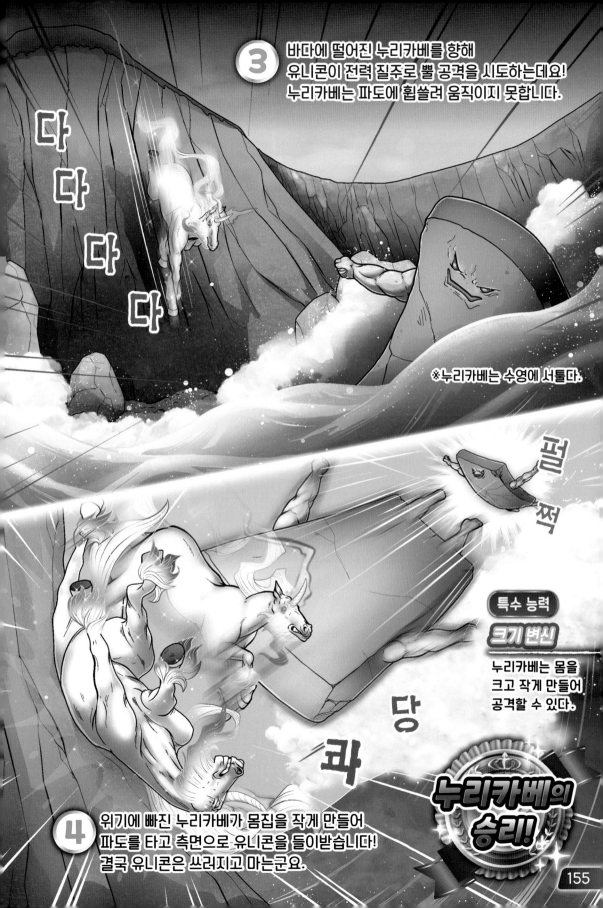

**3** 바다에 떨어진 누리카베를 향해
유니콘이 전력 질주로 뿔 공격을 시도하는데요!
누리카베는 파도에 휩쓸려 움직이지 못합니다.

다
다
다

※누리카베는 수영에 서툴다.

펄
쩍

당

콰

**특수 능력**
**크기 변신**
누리카베는 몸을
크고 작게 만들어
공격할 수 있다.

**누리카베의
승리!**

**4** 위기에 빠진 누리카베가 몸집을 작게 만들어
파도를 타고 측면으로 유니콘을 들이받습니다!
결국 유니콘은 쓰러지고 마는군요.

배틀 8

밤하늘이 번쩍이는 상상 초월 배틀

# 플랫우즈몬스터 vs 케르베로스

**①** 배틀 초반부터 기선 제압에 나선 플랫우즈몬스터가
주특기인 독가스 공격을 시도합니다.
하지만 케르베로스는 강력한 콧바람으로
독가스를 날려 버리는군요!

**②** 플랫우즈몬스터는 케르베로스의 세 개의 머리에 붙잡히고 맙니다!
그때 플랫우즈몬스터가 호출한 UFO가 나타나는데요! UFO의 번쩍이는 빛에
케르베로스가 정신이 팔린 사이, 플랫우즈몬스터가 탈출합니다!

**③**
플랫우즈몬스터가 케르베로스에게
초음파를 발사하는데요! 정신이 혼미해진
케르베로스는 플랫우즈몬스터를 UFO에
던져 부숴 버립니다!

**④** 승부가 끝나는 듯했지만,
부서진 UFO가 케르베로스의 머리 위로 떨어져
케르베로스를 쓰러뜨리고 맙니다.
플랫우즈몬스터가 UFO를 조종한 것이었군요!

플랫우즈몬스터의
승리!

## 배틀 1

### 사자

### 슬라임

슬라임이 형태 변화 공격으로 사자를 KO 직전까지 몰아붙였지만, 사자가 마지막 힘을 다해 베스트 8에 가장 먼저 진출했다!

## 배틀 2

### 몽골리안데스웜

### 아프리카코끼리

힘으로 제압하려던 아프리카코끼리의 약점을 파고든 몽골리안데스웜이 준준결승 진출을 확정지었다.

## 배틀 3

### 톤카라톤

### 듀폰

톤카라톤은 듀폰의 화염에 굴하지 않고 맞섰지만, 마지막 한 방이 부족해 듀폰이 베스트 8 진출을 결정지었다.

## 배틀 4

### 마녀

### 드래곤

드래곤이 압도적인 화력으로 마녀의 마법을 무력화시키며 준준결승에 진출했다.

2회전에서 승리한 베스트 16이 한자리에 모였다. 2회전까지와는 비교할 수 없을 정도로 강렬한 싸움이이었다. 이제 남은 경기는 여덟 선수의 치열한 배틀 뿐!

## 배틀 5

### 펜리르

### 버니맨

인형 의상을 이용한 전술로 승리를 눈앞에 두었던 버니맨은 끝까지 공격력을 유지하지 못해 펜리르가 베스트 8에 진출했다.

## 배틀 6

### 고릴라

### 로쿠로쿠비

로쿠로쿠비는 특기인 긴 목을 이용한 공격으로 상대를 제압하려 했지만 실패했고, 고릴라가 베스트 8에 진출했다.

## 배틀 7

### 누리카베

### 유니콘

과감한 공격을 시도하는 유니콘을 상대로 막판 파도타기 공격을 가해 누리카베가 승리했다.

## 배틀 8

### 플랫우즈몬스터

### 케르베로스

초반부터 상대를 압도하는 경기를 펼친 케르베로스를 특수 공격으로 물리치고 플랫우즈몬스터가 베스트 8의 티켓을 잡았다.

드디어 준준결승전이 시작된다!

# 출전 선수 파헤치기 **3**
## 사자

## 백수의 왕이라고 불리는 이유

사자가 '백수의 왕'으로 불리는 정확한 이유는 알려져 있지 않다. 그러나 가장 유력한 설은 수컷 사자가 무리를 이끄는 모습이 나라를 다스리는 왕의 이미지와 유사하여 이러한 별칭이 붙었다는 것이다. 또한, 자신보다 큰 사냥감에도 용감하게 맞서는 모습이 이 별칭의 또 다른 이유일 수 있다.

사자 무리에서는 수컷과 암컷의 역할이 뚜렷이 구분된다. 수컷이 세력을 지키고 암컷은 먹잇감을 사냥하는 역할을 맡는다.

## 새끼 사자의 매우 낮은 생존율

태어날 때 분홍색이던 코는 성장하면서 점차 검은색으로 변화한다.

'백수의 왕'으로 알려진 사자라 할지라도, 새끼가 성체로 자라기까지의 여정은 매우 험난하다. 생존 경쟁이 치열한 사바나에서 새끼 사자는 다른 육식 동물의 끊임없는 위협에 노출되기 때문이다. 통계적으로 생후 1년 이내에 60% 이상이 사망하고, 2년 이내에는 무려 80% 이상이 생존에 실패한다.

# 준준결승 & 준결승

**백수의 힘이 폭발하다!**

사자

**무기로 무장한 땅속의 괴수!**

몽골리안데스웜

**강력한 공격으로 일망타진!**

듀폰

**모든 걸 불태우는 엄청난 화력!**

드래곤

# 베스트8

## 배틀에서 이긴 여덟 선수가

**결승 진출**

**준결승**

### 주목할 선수 : 사자

경기장을 전략적으로 활용하는 뛰어난 전술과 상대를 단번에 제압할 수 있는 강력한 물어뜯기 공격을 선보인다. 이러한 능력으로 쟁쟁한 경쟁자들을 제치고 결승전 진출이 유력해 보인다.

# 결정!

## 최강자의 자리를
## 노리다 !

결승 진출

준결승

### 주목한 선수 : 누리카베

누리카베는 철벽 방어와
다채로운 공격 패턴을 겸비한
만능 선수이다. 이번 대회의
다크호스로 주목받으며, 앞으로
더욱 치열한 경기를 펼칠 것으로
기대된다.

전설 속 늑대의 능력을 발휘하라!

펜리르

역동적이고 다양한 지형 공격!

고릴라

철벽 방어가 위협적인 우승 후보!

누리카베

우주의 힘을 무기로 싸우다!

플랫우즈몬스터

거센 돌풍 속의 대격돌

# 사자 vs 몽골리안데스웜

**1** 돌풍이 몰아치는 가운데, 기선 제압에 나선
몽골리안데스웜이 땅에서 튀어 나옵니다.
그러나 사자는 나무 위에서 힘차게 뛰어내려
몽골리안데스웜의 몸을 물어뜯는군요!

**특수 능력**

**전기 충격파 공격**

몽골리안데스웜은
전기 충격으로 적의
움직임을 방해한다.

파 지 직

**2** 공격당한 몽골리안데스웜은 굴하지 않고 몸을 회전시켜
전기를 내뿜으며 사자에게 달려듭니다! 사자는 여유롭게
공격을 피하지만 전기 충격을 받고 마네요.

164

**3** 움직임이 둔해진 사자는 필사적으로 도망칩니다.
기회를 잡은 몽골리안데스웜이 사자의 숨통을 끊으러 달려드는데요!

크아악

**4** 사자는 마지막 힘을 다해 질주하며
공격을 피합니다. 땅으로 들어간
몽골리안데스웜은 그대로 파묻히고
마는군요! 알고 보니 사자는 깊은
늪지대로 몸을 피한 것이었습니다.

사자의
승리!!

※사자는 후각으로 근처에 깊은
늪이 있다는 것을 알아채고
작전을 펼쳤다.

165

경기장 / 사하라 사막

불꽃이 격렬하게 타오르는 결투
# 듀폰 vs 드래곤

화르르

**1** 배틀 시작과 동시에 드래곤과 듀폰의 강력한 화염 공격이 불타오릅니다. 양측의 불길이 격렬하게 맞붙으며 사방으로 불꽃이 튀어 오르네요.

쿵

**2** 양측의 공격이 팽팽하게 대치하는 가운데, 하늘을 날던 드래곤이 갑자기 듀폰에게 다가옵니다. 드래곤이 꼬리를 휘둘러 공격하지만, 듀폰은 오히려 드래곤의 꼬리를 잡고 땅으로 내던지는군요!

파 닥

파 닥

③ 기운이 빠진 드래곤에게 듀폰이 거대한
몸집으로 달려들어 승부를 끝내려 합니다.
드래곤은 빠르게 꼬리를 휘둘러
모래 먼지를 일으키며 경기장에
모래 폭풍을 만드는데요!

꼬아아

드래곤의
승리!

④ 갑자기 발생한 모래 폭풍이 듀폰의 시야를 가립니다.
그 순간, 드래곤이 하늘에서 대화염을 내뿜으며
승부를 결정짓습니다.

경기장 / 산 숲

별빛 아래 펼쳐지는 스피드 배틀

# 펜리르 vs 고릴라

**1** 별이 빛나는 밤하늘 아래, 고릴라가 나무에서 펄쩍 뛰어내립니다. 주먹을 사정없이 휘두르지만, 펜리르는 간발의 차이로 공격을 피하는군요!

와 드 득

**2** 고릴라는 빈틈을 놓치지 않고 다시 공격을 퍼붓지만, 펜리르는 강력한 엄니로 고릴라의 배를 물어 버립니다.

**3** 상처를 입은 고릴라는 전력을 회복하기 위해 숲으로 몸을 숨깁니다. 하지만 펜리르는 불꽃을 뿜으며 추격하네요!

피
우
우

타
앙

**특수 능력**

**숲의 수호자**

고릴라는 나무를 능숙하게 다뤄 공격에 활용한다.

**고릴라의 승리!**

**4** 펜리르가 승리를 확신한 순간, 고릴라가 숲에서 엄청난 기세로 뛰쳐나옵니다. 양손에 잡은 커다란 나무로 펜리르를 내리치며 제압해 버리는군요!

뒷골목에서 펼쳐지는 UMA와 요괴의 대결

# 누리카베 VS 플랫우즈몬스터

우

뚝

① 벽으로 위장한 누리카베가 뒤에서 덮치려 하지만, 기척을 알아챈 플랫우즈몬스터가 초능력으로 누리카베를 멈춰 세웁니다.

② 움직이지 못하는 누리카베에게 플랫우즈몬스터가 눈으로 광선을 쏘아대는데요!

크기 변신

누리카베는 몸을 작게 만들어 모습을 감출 수 있다.

우
다
다
다

**3** 큰 타격을 입은 누리카베는 어떻게든 반격을 하려고 뒷골목으로 도망칩니다! 그 뒤를 쫓는 여유로운 표정의 플랫우즈몬스터!

※누리카베는 주변 벽으로 위장해 플랫우즈몬스터가 지나가는 순간을 노렸다.

**4** 갑자기 플랫우즈몬스터의 등 뒤로 엄청난 충격이 몰려옵니다. 누리카베의 기습 공격이 적중해 플랫우즈몬스터는 쓰러지고 마는군요!

누리카베의 승리!

# 준준결승 결과 발표

## 배틀 1

**몽골리안데스웜**

준준결승 VS

사자

거센 돌풍이 부는 숲을 무대로 전투가 펼쳐졌다. 초반에는 양측 모두 팽팽한 결투가 이어졌지만, 몽골리안데스웜이 땅속 공격을 효과적으로 이용해

사자를 제압하는 전략을 구사했다. 그러나 사자는 공격을 피하며 오히려 몽골리안데스웜의 움직임을 봉쇄하고, 결국 준결승에 진출했다.

## 배틀 2

**듀폰**

준준결승 VS

드래곤

드래곤과 듀폰은 불과 불의 정면 승부로 맞붙었다. 드래곤은 모래를 이용해 상대를 교란시켰고 듀폰도 필사적으로 반격했다.

그러나 막판에 전투력이 부족했던 듀폰이 패하고 드래곤이 베스트 4의 기회를 잡게 되었다.

목숨을 건 싸움에서 승리한 여덟 선수들! 이제 더욱 치열한 대결을 통해 우승을 향한 불꽃 튀는 전투를 이어간다. 준결승에서는 더욱 격렬한 전투가 예상된다.

## 배틀 3

### 펜리르 준준결승 VS 고릴라

별이 빛나는 밤하늘 아래 고릴라가 맹공격을 펼쳤지만, 펜리르는 거뜬히 공격을 피했다. 펜리르는 받아치기 공격으로 고릴라에게

확실한 타격을 입혀 승리가 예상되었으나, 고릴라가 양손으로 나무를 휘두르며 멋지게 역전승을 거두고 준결승에 진출했다.

## 배틀 4

### 누리카베 준준결승 VS 플랫우즈몬스터

어두운 도시의 뒷골목을 무대로 결투가 펼쳐졌다. 플랫우즈몬스터는 초능력 공격과 광선 공격으로 추격했지만, 누리카베는

자유롭게 몸 크기를 바꿔가며 방어했다. 등 뒤에서 기습 공격을 펼친 누리카베가 승리를 거두며 베스트 4에 진출을 확정했다.

드디어 준결승전이 시작된다!

# 출전 선수 파헤치기 4

## 누리카베

### 누리카베의 실제 모습은?

누리카베는 일본에서 꽤 유명한 요괴이다. 하지만 실제 누리카베에 대한 자세한 기록은 거의 존재하지 않는다. 《요괴에마키》라는 그림책에서 누리카베의 존재를 확인할 수 있는데, 이 책에는 몸통이 하얗고 머리가 크며 눈이 세 개이고, 코끼리처럼 늘어진 귀와 사자 같은 외모를 지닌 모습으로 그려져 있다.

《바케모노즈쿠시에마키》(누리카베 부분) 유모토 코이치 기념 일본 요괴 박물관(산지모노노케뮤지엄) 소장

## 이름의 기원

아부라싯쿠이로 만들어진 벽.
사진제공: 우스키시 관광협회

누리카베 이름의 기원은 정확히 알 수 없지만, 오이타현 우스키시에서 널리 퍼졌다는 이야기가 많다. 우스키시에는 '아부라싯쿠이'라는 전통 기술이 있는데, 이는 비나 물을 흩뿌려 벽에 특수한 기름을 바르는 방식입니다. 이와 관련해 '누리('바르다'라는 뜻의 일본어)'와 '카베(벽)'라는 이름이 연결될 가능성도 있다.

# 출전 선수 파헤치기 ⑤

## 고릴라

## 생김새와 딴판인 성격

고릴라는 몸집이 크고 힘이 센 데다 매우 영리하여 영장류 중 최강이라고 불리는 동물이다. 그러나 실제로는 높은 지능 덕분에 스트레스와 분노 등의 감정에 매우 민감하다. 스트레스가 쌓이면 배탈이 나는 등 컨디션이 나빠질 때가 많아, 생김새와는 달리 스트레스에 매우 취약한 동물이다.

고릴라가 가슴을 두드리는 '드러밍'은 적을 위협하기 위한 행동처럼 보이지만, 사실 상대와 싸우지 않고 무승부를 알리는 신호라는 이야기도 있다.

## 흰색 고릴라 스노우플레이크

바르셀로나 동물원에서 사육된 흰색 고릴라

흰색 고릴라 스노우플레이크는 스페인의 바르셀로나 동물원에서 사육된 희귀한 알비노 고릴라로, 동물원에서 가장 인기가 많았으며 시의 비공식 마스코트로도 알려져 있다. 내셔널 지오그래픽의 표지를 장식하는 등 세계적인 스타가 되었지만, 2003년에 병으로 죽고 말았다.

경기장을 넓게 사용한 대격돌

# 사자 VS 드래곤

경기장 / 지하 동굴 호수

득

드

와

**1** 사자는 절벽에서 뛰어내려 날아가는 드래곤의 등에 올라탑니다! 드래곤은 사자를 떼어 내려 하지만, 떨어지기는커녕 사자는 오히려 엄니를 더 깊게 박아 넣는군요.

특수 능력

백수의 왕

어떤 상대라도 겁내지 않는다. 상대가 강할수록 실력을 발휘한다.

파

악

**2** 드래곤은 사자를 바위에 내던지려 하지만, 사자는 드래곤의 등에서 점프해 바위를 발로 차며 드래곤에게 다시 공격을 날립니다!

**③** 드래곤은 전세를 뒤집으려고 가까운 숲에 불을 내뿜어 불바다로 만들어 버립니다!

**특수 능력**

## 불의 전사

불을 무력화하거나 불을 쐬면 능력이 강화된다.

파

르

륵

꽈

당

**④** 불길을 피하려고 점프하는 사자! 그러나 드래곤이 온힘을 다해 휘두른 꼬리 채찍에 정통으로 맞고 맙니다! 방어하지 못한 사자는 단번에 쓰러지고 마는군요!

**드래곤의 승리!**

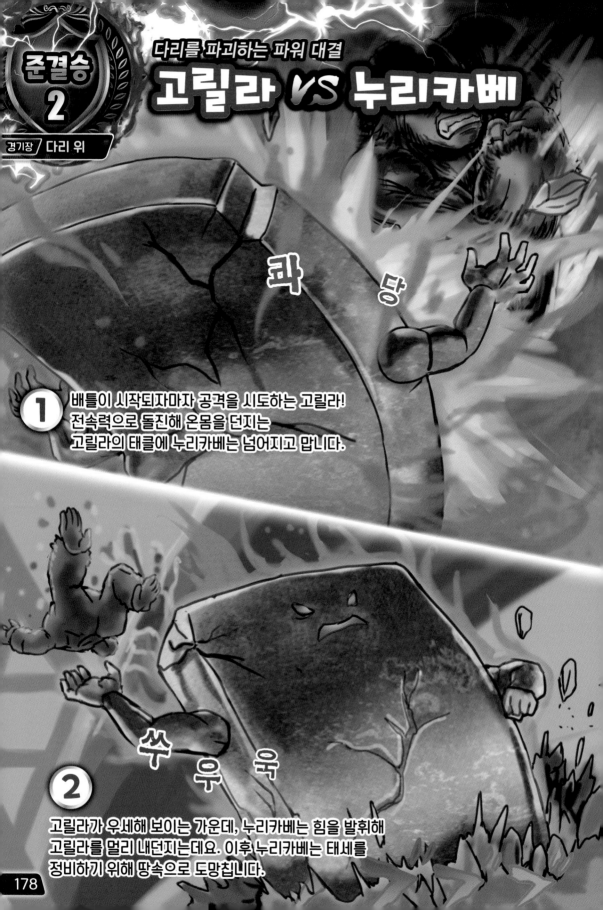

경기장 | 다리 위

다리를 파괴하는 파워 대결
# 고릴라 vs 누리카베

파 당

**1** 배틀이 시작되자마자 공격을 시도하는 고릴라!
전속력으로 돌진해 온몸을 던지는
고릴라의 태클에 누리카베는 넘어지고 맙니다.

쑤 우 욱

**2** 고릴라가 우세해 보이는 가운데, 누리카베는 힘을 발휘해
고릴라를 멀리 내던지는데요. 이후 누리카베는 태세를
정비하기 위해 땅속으로 도망칩니다.

178

③ 고릴라를 완전히 제압하려는 누리카베! 땅속에서 튀어나와 몸집을 작게 만들고, 고릴라의 시야에서 벗어난 뒤 등 뒤로 향해 절호의 기회를 잡습니다!

**특수 능력**

**크기 변신**

누리카베는 몸의 크기를 자유롭게 바꾼다.

※고릴라의 악력은 약 500kg이다.

꾸 아 악

④ 누리카베가 점프 공격을 시도하는 순간! 기척을 느낀 고릴라가 작아진 누리카베를 손으로 낚아챕니다! 손안에서 누리카베는 필사적으로 몸을 키우려 하지만, 고릴라의 강력한 손아귀에 갇혀 패배하고 맙니다.

**고릴라의 승리!**

## 배틀 1

사자

준결승

VS

드래곤의
승리

드래곤

근접전만으로 준결승까지 올라온 사자와
근접전과 원거리 모두 강한 빈틈없는 전투로
올라온 드래곤이 맞붙었다. 초반부터 불꽃 튀는
싸움이 펼쳐진 가운데, 사자가 드래곤의 등 위에
올라타 공격하며 드래곤이 연속으로 당하는
전개가 이어졌다. 그러나 드래곤은 끝까지 의지를
불태우며 공격을 이어갔고, 만신창이가 되면서도
승리를 쟁취하여 결승에 진출했다.

지금까지 승리를 이어온 네 선수가 결승전을 앞두고 뜨거운 승부를 펼쳤다. 기술과 전략이 팽팽하게 맞붙은 흥미진진한 배틀이었다. 이제 드디어 정상을 다투는 결승전이 시작된다. 우승을 향한 격렬한 전투가 펼쳐진다.

## 배틀 2

**고릴라**

준결승

**VS**

**고릴라의 승리**

**누리카베**

경기장을 유리하게 활용해 힘으로 승리를 거둔 고릴라와 다채로운 특성으로 승리를 이어온 누리카베의 대결이었다. 양측 모두 남김없이 실력을 발휘했다. 고릴라의 파워 공격에 누리카베는 크기를 바꾸는 전술로 대항했지만, 등 뒤의 기습을 눈치챈 고릴라가 힘으로 제압하며 누리카베는 패하고 말았다. 결국 고릴라가 정상을 다투는 결승전에 진출했다!

드디어 정상을 다투는 결승전이 시작된다!

# 집중 탐구!

## 출전 선수 파헤치기 ⑥

### 드래곤

## 세계에서 가장 유명한 몬스터

드래곤은 전 세계에 전해져
내려오는 가장 유명한
몬스터이다. 처음에는 뱀의
모습으로 묘사되었지만, 약
1,000년 전부터 현재와 같은
형태로 소개되기 시작했다.
최근에는 게임과 영화 등에서
자주 등장한다. 나라마다
드래곤의 이름이나 생김새가
전혀 다르게 표현된다.

이름은 드래곤이지만, 몸 색깔과 생김새는 나라와 지역에 따라
완전히 다르다.

## 마을의 상징이 된 드래곤

다리의 상징인 드래곤 조각상

슬로베니아의 수도 류블라냐에는
'드래곤의 다리'라는 다리가 있다.
처음에는 황제의 즉위 40주년을
축하하기 위해 건축되었지만,
다리의 네 귀퉁이에 드래곤
조각이 세워져 있어 언제부턴가
'드래곤의 다리'로 불리게 되었다.
마을의 상징인 드래곤은 힘과
용기, 거대함을 나타내는 상징으로
여겨진다.

# 배틀

고릴라

## 능력

| | |
|---|---|
| 8 | 공격력 |
| 6 | 방어력 |
| 7 | 스피드 |
| 6 | 체력 |
| 9 | 기술력 |

### 이제까지의 시합 결과

| | | |
|---|---|---|
| 1회전 | VS 가루다 | 양측 모두 양보 없는 시합을 펼쳤지만, 지형을 이용한 공격으로 가루다를 제압했다. |
| 2회전 | VS 쿠네쿠네 | 상대의 기묘한 움직임에 어려움을 겪었지만, 야생 본능으로 대역전 승리를 거두었다. |
| 3회전 | VS 로쿠로쿠비 | 긴 목을 이용한 공격에 타격을 입기도 했지만, 역동적인 몸놀림으로 공격해 승리했다. |
| 준준결승 | VS 펜리르 | 배틀 초반에는 밀리는 형세였지만, 양손을 이용한 공격으로 돌파했다. |
| 준결승 | VS 누리카베 | 방어력이 강한 상대를 맞이해 고전했지만, 파워 공격으로 무너뜨렸다. |

## 지형을 효과적으로 이용한 두뇌 플레이!

경기장의 나무 등을 활용한 배틀 스타일을 선보였다. 전력 면에서는 드래곤이 유리해 보이지만, 고릴라는 경기장을 활용하는 전술로 숲을 무대로 한 싸움에서 더 강력한 힘을 발휘하며 두뇌 전술로 상대를 압도하는 영리함을 지니고 있다. 더구나 드래곤보다 몸집이 작아 빠르게 움직이며 드래곤 가까이에서 공격할 수 있다. 드래곤을 상대하는 결승전에서도 경기장을 유리하게 이용해 묵직한 한 방을 날린다면 승기를 잡을 수 있을 것이다.

| 비교 | |
|---|---|
| 공격력 | 9 |
| 방어력 | 7 |
| 스피드 | 9 |
| 체력 | 6 |
| 기술력 | 7 |

## 드래곤

### 이제까지의 시합 결과

| 1회전 | | 시드 출전으로 배틀 없음 |
|---|---|---|
| 2회전 | VS 흰코뿔소 | 돌진해오는 코뿔소를 걷어차 바위에 충돌시켜 승리했다. |
| 3회전 | VS 마녀 | 마녀의 족쇄에 묶여 고전했지만, 대화염 공격으로 역전했다. |
| 준준결승 | VS 듀폰 | 경기장을 이용한 화염 공격으로 승리했다. |
| 준결승 | VS 사자 | 경기 초반에는 고전했지만 도망칠 곳을 차단하고 꼬리로 공격해 제압했다. |

## 박력 넘치는 화염 공격으로 상대를 압도하다!

물리적인 공격과 특수 공격 모두 최고 수준의 실력을 자랑하는 가장 강력한 우승 후보이다. 공격력뿐만 아니라 이동 능력과 경기장을 활용한 전술 등 모든 분야에서 뛰어난 실력을 갖추고 있다. 가장 매력적인 공격은 입에서 내뿜는 대화염으로, 경기장을 태워 버릴 정도의 위력과 박력을 지니고 있다.

하지만 결승전에서 맞붙을 고릴라는 경기장을 활용한 공격과 스피드, 강력한 파워 공격이 주특기다. 빈틈을 노린 강력한 한 방이 예상되므로 매우 조심해야 한다.

슈
웅

① 결승전이 시작되자마자 고릴라가 움직이는데요!
격투장에 떨어져 있던 검을 연속으로 던지지만,
드래곤은 세차게 불을 뿜어 검을 녹여 버립니다.

타
악

② 검 공격에 정신이 팔린 사이, 2차 공격에 나선 고릴라!
점핑 엘보 공격으로 드래곤의 얼굴을 제대로 후려치는군요!

**❸** 드래곤은 날개를 크게 펼쳐 강풍을 일으킵니다!
고릴라는 시장으로 나가떨어지는데요.
고릴라를 쫓아간 드래곤은 불을 내뿜어
시장을 온통 불바다로 만듭니다.

화 르 르 빠

샤

빠

※드래곤은
목이 약하다.

특수 능력

숲의 수호자

고릴라는 나무를
능숙하게 다뤄
공격에 사용한다.

**❹** 불바다에서 빠져나온 고릴라는
불이 붙은 나무를 양손으로 휘둘러 내려칩니다!
드래곤은 생각보다 큰 타격을 입고 말았습니다.

**5** 방어만 하던 드래곤은 전투 태세를 재정비하기 위해 일단 숲으로 몸을 피합니다. 하지만 고릴라도 나무 사이를 엄청난 속도로 이동해 쫓아오는데요!

부

웅

휘
리
릭

**6** 고릴라는 숲의 나무를 이용해 점프해 날아가는 드래곤을 공격합니다. 그런데 드래곤이 갑자기 몸을 돌려 꼬리로 고릴라를 내려치는데요!

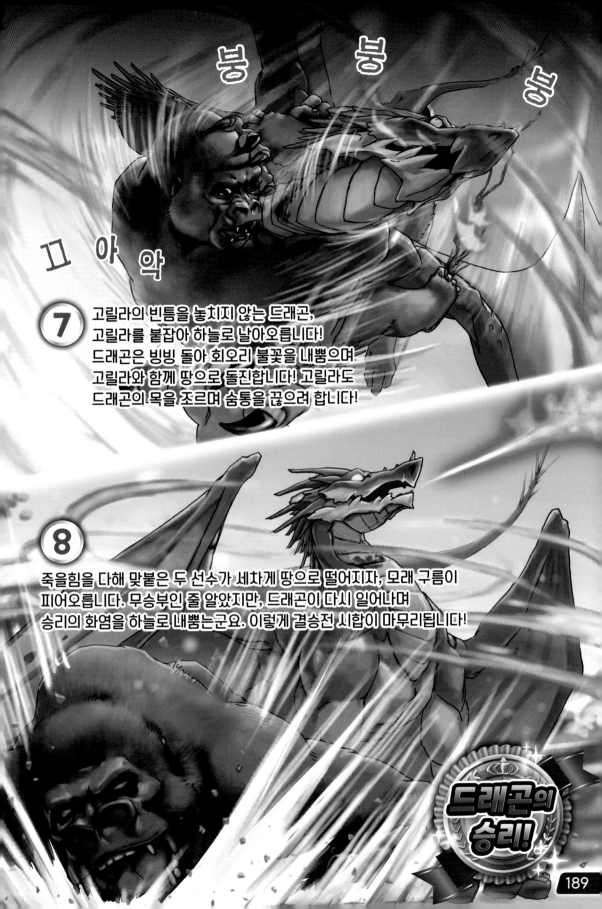

붕 붕 붕

끄 아 악

⑦ 고릴라의 빈틈을 놓치지 않는 드래곤,
고릴라를 붙잡아 하늘로 날아오릅니다!
드래곤은 빙빙 돌아 회오리 불꽃을 내뿜으며
고릴라와 함께 땅으로 돌진합니다! 고릴라도
드래곤의 목을 조르며 숨통을 끊으려 합니다!

⑧
죽을힘을 다해 맞붙은 두 선수가 세차게 땅으로 떨어지자, 모래 구름이
피어오릅니다. 무승부인 줄 알았지만, 드래곤이 다시 일어나며
승리의 화염을 하늘로 내뿜는군요. 이렇게 결승전 시합이 마무리됩니다!

드래곤의
승리!

**우승**

**드래곤**

## 박력 넘치는 공격으로 정상에 오르다!

위력적인 화염 공격뿐 아니라, 날개와 꼬리를 이용해 공격하고 전속력으로 돌진하는 등 전략적인 공격을 앞세워 싸웠으며 마지막에는 끈질긴 체력으로 승리했다.

**고릴라**

**준우승**

## 지형 공격으로 상대를 격파하다!

전력으로는 드래곤에 훨씬 못 미치지만, 두뇌를 사용한 참신한 아이디어 공격으로 드래곤을 패배 직전까지 몰고 갔다.

**3위**

전장을 전속력으로 누비며 강력한 엄니 공격을 펼쳤다!

**사자**

**3위**

예측 불가능한 공격으로 적을 교란시켜 무너뜨렸다.

**누리카베**

**몽골리안데스웜**

**듀폰**

**펜리르**

**플랫우즈몬스터**

190

# 또 다른 배틀이 궁금한 참가자들

## 가루다

스피드와 공격력, 특수 능력 모두 최고 등급인 실력자. 대전 상대가 달랐다면 상위권에 올랐을지도 모른다.

## 프랑켄슈타인

이번 대회 최고의 공격력을 가진 참가자였지만, 불운한 패배로 예상치 못하게 1회전에서 탈락했다. 실력만 보면 틀림없는 우승 후보이다.

## 메두사

상대를 돌로 만드는 매우 강력한 공격을 펼친다. 2회전 진출의 기회를 잡지 못했지만, 능력치는 모두 최상위권이다.

## 주사남

맹독의 주사 공격은 이번 대회에서 유일하게 상대를 즉시 쓰러뜨릴 정도의 위력을 갖고 있어 기대를 받았지만, 아쉽게 1회전에서 패했다.

## 이종 최강 생물 올스타 대결전은 어땠나?

신체 능력과 특징이 다른 종족끼리 맞붙은 토너먼트에서는 체격 차이와 불리한 상황에 놓였어도 경기장이나 특기를 활용해 전세를 뒤집고 승리하는 장면이 많았다.
평소에 마주칠 리 없는 참가자들의 전투는 예측이 어려워 놀라움을 감출 수 없는 전개의 연속이었다. 본래의 실력을 발휘하지 못하고 아쉽게 패한 선수도 다른 상대와 싸웠다면 다른 결과를 얻었을 것이다. 다음 대회가 기대된다.

# 올스타
# 능력별 순위

격렬했던 총 47개 배틀을 되돌아보며 대회 운영 본부에서 각 선수의 스피드와 테크닉, 공격력과 방어력을 채점했다. 총 48 선수 중 점수가 높은 선수의 순위를 소개한다.

## 스피드 순위

| 1위 | 터보할머니 | 98pt | 눈 깜작할 사이에 사라지는 스피드는 반칙이라 불릴 정도다. |
| 2위 | 가루다 | 94pt | 황금 날개를 펼치면 초고속으로 하늘을 가로지른다. |
| 3위 | 참수리 | 92pt | 날개를 접어 마치 로켓처럼 빠르게 하늘을 질주한다. |

## 기술력 순위

| 1위 | 플랫우즈몬스터 | 95pt | 독가스와 광선, UFO와의 통신 등 다채로운 테크닉을 사용한다. |
| 2위 | 마녀 | 93pt | 상황에 따라 다양한 마법을 능숙하게 선보인다. |
| 3위 | 로쿠로쿠비 | 88pt | 자유로운 발상으로 생각지 못한 전술을 펼치는 장면이 많았다. |

## 공격력 순위

| 순위 | 이름 | 점수 | 설명 |
|---|---|---|---|
| 1위 | 프랑켄슈타인 | 99pt | 스스로 몸을 강화시키는 공격은 이 대회 최고의 전술 중 하나였다. |
| 2위 | 골렘 | 97pt | 받아치기는 위력과 박력 모두 백점 만점이다. |
| 3위 | 드래곤 | 96pt | 경기장 전부를 태워 버리는 화염의 위력은 한계를 알 수 없다. |
| 4위 | 듀폰 | 94pt | 눈과 코에서 내뿜는 불길과 독사, 몸통 공격까지 모두 일품이다. |
| 5위 | 가루다 | 93pt | 화염 공격은 속도와 힘이 더해져 더욱 강한 공격력을 발휘한다. |

## 방어력 순위

| 순위 | 이름 | 점수 | 설명 |
|---|---|---|---|
| 1위 | 누리카베 | 100pt | 모든 공격을 받아치는 방어력이 그야말로 압도적이다. |
| 2위 | 골렘 | 99pt | 돌 몸통은그 어떤 공격도 통하지 않을 만큼 단단하다. |
| 3위 | 드래곤 | 95pt | 커다란 몸집과 단단한 피부의 방어력은 상상을 초월한다. |
| 4위 | 흰코뿔소 | 93pt | 공격에만 전념할 수 있을 정도로 수비력이 강하다. |
| 5위 | 아프리카코끼리 | 91pt | 약 3cm의 두꺼운 피부에 타격을 주기는 어렵다. |

193